陪孩子
幸福成长
的好方法

谢 普/编著

吉林文史出版社
JILIN WENSHI CHUBANSHE

图书在版编目（CIP）数据

陪孩子幸福成长的好方法 / 谢普编著 . -- 长春：
吉林文史出版社，2023.5
ISBN 978-7-5472-9434-5

Ⅰ . ①陪… Ⅱ . ①谢… Ⅲ . ①儿童教育—家庭教育
Ⅳ . ① G782

中国国家版本馆 CIP 数据核字 (2023) 第 091129 号

陪孩子·幸福成长的好方法
PEI HAIZI XINGFU CHENGZHANG DE HAO FANGFA

编　　著　谢　普
出 版 人　张　强
责任编辑　王　辰
封面设计　郑金霞
出版发行　吉林文史出版社
地　　址　长春市净月区福祉大路 5788 号出版大厦
印　　刷　天津海德伟业印务有限公司
开　　本　640mm×910mm　　1/16
印　　张　12
字　　数　113 千
版　　次　2023 年 5 月第 1 版
印　　次　2023 年 5 月第 1 次印刷
书　　号　ISBN 978-7-5472-9434-5
定　　价　69.00 元

大文豪高尔基曾说过："爱孩子，那是连老母鸡都会做的事情，但如何教育孩子却是一件大事。"作为父母，我们每一个人都是爱孩子的，我们想要把最好的都提供给孩子，让他能够健康无忧地成长。我们很多人，伴随着孩子的出生，角色才开始发生转变，成为父母，但对如何做好父母却是模糊的，甚至是没有认知的。

"优秀孩子是优质教育的成果，问题孩子是问题家庭的产物。"父母不当的陪伴，有可能毁掉孩子的努力与潜力。父母陪伴孩子，不只是简单地陪着。如果父母一边陪着孩子，一边做着自己的事情，这种陪伴就是无效的。孩子需要的是"被关注"，而不是毫无意义的"被陪着"。

父母有效的陪伴，不在于时间的长短，而在于陪伴的质量。父母陪伴孩子时，要尽可能地"用心"。用心关注，用心倾听，用心引导，用心帮助。父母只有足够用心，才能第一时间帮助孩子发现问题，进而去解决问题。

　　作为父母，在漫长的育儿路上，我们需要成长。陪在孩子身边成长，是一件幸福且值得的事情。陪伴是幸福，改变是成长。希望这本书，可以帮助你成长为积极的父母，喜欢陪伴孩子，孩子也更愿意自我成长。也希望所有的孩子都是阳光的，快乐的，有爱的！

目录

CONTENTS

第一章
和谐相处，构建和谐的亲子关系

所谓"亲子关系"，是指父母与孩子之间的关系。亲子关系是最重要的生命关系之一，它关系到孩子的成长、父母的健康、家庭的幸福。家庭教育的成败，取决于亲子关系是否和谐。和谐的亲子关系是孩子幸福一生的奠基石，不和谐的亲子关系则会影响孩子的一生。

认可孩子，不苛求不责备

现实生活中，有很多父母为了让孩子能够早日成才，提出了"高标准，严要求"的硬性规定。他们担心自己一旦放松要求，孩子就会走下坡路。其实，这是一种非常错误的教育观念。父母的苛求与责备，只会让孩子产生较大的心理压力，进而会产生逆反心理，这对孩子的成长十分不利。一位心理专家曾说过："无论你多么小心，你的孩子都会留下一些心灵创伤。"所以，作为父母，我们应尽量不去苛求与责备孩子。

小新的妈妈是一位主持人，她从小就喜欢朗读诗歌，阅读美文，长大后，她选择了做主持人。之后她结婚，生下了小新。小新的妈妈总觉得小新遗传了自己的优秀基因，觉得孩子也一定具有这方面的天赋。

所以，妈妈从小新懂事开始，就为小新买了"唐诗宋词"的相关读物，每天领着孩子朗读背诵。但小新正是贪玩的时候，根本就没什么心思朗读背诵这些不太懂的东西。每一次，妈妈带着小新朗读时，他都是心不在焉的，更不要说会背诵，但妈妈觉得小新应该具备这方面的天赋，他仅仅只是不用心而已。于是，妈妈更是铆足了劲儿让孩子坚持。

到小新上小学时，妈妈还为他买了《小学生必背古诗词》之类的书。小新看到之后，开始犯愁，以至于每次只要一看到古诗词就反感，在家里也是，在学校里也是，尤其是每次考试答题时，遇到古诗词的题，都是空白，答不上。小新的表现让妈妈非常失望。小新学习中一次次的躲避，换来的是妈妈一次次的责备，有的时候，她也会反问自己，是自己对孩子苛求了吗？

如今，小新已经是一名初中生了，他和妈妈很少沟通，甚至可以说，他和妈妈没有任何沟通。看到小新对自己的态度，妈妈后悔了，她好想小新能像小时候一样，有什么话都和妈妈说，做什么事都征求妈妈的意见。妈妈到现在才明白，自己过去对小新的苛求，换来的是孩子对自己的日渐疏远。

像小新的妈妈一样，有些父母总认为孩子拥有和自己一样的优点，他们难以接受孩子在这方面的普通。父母用家长权威强迫孩子按照自己的想法去做事。然而，他们的做法无疑是在抹杀孩子的个性、消耗孩子的自信心，让孩子丝毫感觉不到父母的关心和鼓励。这样的教育方式对孩子的成长会产生非常严重的负面影响，孩子遇见什么事都会习惯性地询问父母的意见，不利于他的自信心和独立意识的建立。孩子害怕面对父母对自己的否定，更渴望得到积极正面的认可。有时候不是孩子不够优秀，而是父母的要求太高，父母不愿降低自己对孩子的心理预期。所以，父母不要苛求孩子一定要去做什么，也不要在孩子没有满足你的心理预期时去责备孩子。

小聪的爸爸和妈妈是同一所大学的老师，他们在家教方面给予孩子的是"自由"。小聪上幼儿园时，喜欢画画，爸爸妈妈就带孩子去画画。上小学时，看到小聪的同班同学都在补习班上课，爸爸妈妈也不苛求孩子一定要上补习班，只要小聪愿意，他们就为孩子报名；如果不愿意，他们从来都不强迫。

小聪在上大学之前，已经选好了自己心仪的学校。其实爸爸妈妈工作的这所学校就不错，但是小聪却不愿意，因为他的心早已飞到了另一所大学。对此，爸爸妈妈能够理解他，也给予他鼓励，还帮助小聪分析报考信息，和孩子一起填志愿。

爸爸妈妈都很尊重小聪，为他指导人生的方向，只要孩子的选择是正确的，是他自己喜欢的，爸爸妈妈就会一百个赞成。一家人在一起时，总是其乐融融，别提有多开心了。小聪觉得自己很快乐、很幸福，爸爸妈妈也觉得他们有一个幸福快乐的家，他们有一个好孩子，一个积极上进的孩子。而这一切皆是因为爸爸妈妈的不苛求，在尊重孩子的个性的同时，让孩子得到了更好的成长。

小聪的父母在孩子成长和学习上的态度是明智的，他们家的亲子关系也是非常和谐的。爱因斯坦说："每个人都是天才。但如果你用爬树能力来断定一条鱼有多少才干，它整鱼人生都会相信自己愚蠢不堪。"每个人都是独一无二的，因此，不要强迫孩子成为一条奋力爬树的鱼。如果你不幸那样去做了，那是因为你用错了评判的工具。父母要善于发现孩子的优点，让孩子将身上的闪光点放射出来，这样，他才会是快乐的，父母才会是幸福的。要让孩子在快乐中成长，在自我的探索中成长，这样家长和孩子在构建和谐亲子关系的道路上才会一帆风顺。

包容孩子，知错就改就是好孩子

世上没有不犯错误的孩子，孩子不小心犯了错，只要意识到自己的错误，并懂得改正，父母就应该包容他，并接受他的错误，鼓励他知错就改的行为。然而有很多父母对孩子要求过于严格，不容许孩子犯错，但凡孩子犯了错，父母就会指责、谩骂。其实，很多时候孩子犯了错，心中原本就很自责和内疚，如果父母再用这种态度对待孩子，就会让孩子受伤的心灵雪上加霜，最终导致孩子心理脆弱，使他面对自己的错误无法释然。换言之，父母对于知错就改的孩子，应该给予关怀，给予鼓励，这样就会让孩子变得更加积极向上。

　　小彤是一名六年级学生，他在学校上卫生间时看到有个别同学在偷偷吸烟，当时就觉得很好奇，心中就想："吸烟究竟是什么感觉呢？连爸爸也那么喜欢吸烟。"

　　周末的时候，小彤看到爸爸放在了茶几上的香烟，虽然他知道吸烟是不好的，但耐不住自己内心的好奇，于是趁爸爸妈妈都不在家，他就从烟盒里抽出了一支烟，点燃后吸了起来。刚吸了一口，他就"咳咳咳"地咳嗽了起来。说来也凑巧，就在这时，妈妈回来了，她一推开门，看到了小彤的手中正拿着一支点燃的烟。而这时的小彤，突然看到妈妈之后，就赶忙说："妈妈，对不起，我下次再也不吸烟了！"

　　妈妈看到小彤竟然偷偷吸烟，非常生气，她并没有听小彤的解释，而是严厉地指责小彤。受到责备的小彤心里感到很委屈："我都已经承认了错误，妈妈为什么还要不停地唠叨呢？"看到妈妈对自己这样的态度，小彤也很生气，他觉得很没有面子，也很生气，于是拿起自己的外套，摔门而出。他不想听到妈妈无休止的唠叨，他觉得妈妈对自己没有一丝的信任。

　　小彤模仿同学吸烟固然不好，但是妈妈带着情绪去指责，很可能让处于叛逆期的孩子和家长对着干。孩子都有好奇心，有时他明明知道做某件事是错误的，但还是忍不住去尝试。当孩子在尝试中得到教训，并加以改正，就足以证明他已经认识到自己的错误。作为父母，面对孩子所犯的错误，首先要做的是纠正孩子的错误，并帮助他加以改正。比如要了解孩子为什么会吸烟，这种"了解"不是去质问，而是要向孩子说明"吸烟有害健康"的道理，同时，家长要注意自己的行为。父母对孩子的包容，要有耐心，要以平和的态度对待孩子。

小旭是一名三年级学生，他特别喜欢收集卡片。这天，小旭将自己的卡片展示给同学看时，被一名调皮的同学抢去了一张，要知道，那张卡片可是小旭最喜欢的，因为碍于面子，小旭没有向同学要回卡片。

回到家之后，他想要再买一张一样的卡片，于是就跟妈妈要零花钱。而妈妈并没有问明缘由，她觉得小旭的卡片已经够多了，不需要再买了。小旭听妈妈这么说，开始有点垂头丧气。就在这时，他看到妈妈桌子上放着20元钱，于是他就想："妈妈一定不知道这里放了钱，我拿着这些钱去买卡片就好了！"

这么想着，小旭就悄悄地将手伸到桌子上，把钱装到了兜里。不过，他的神色却很慌张，妈妈看到了小旭的异常举动，就问道："你怎么回事啊？慌里慌张的？"小旭"哇"的一声哭了，并说着："妈妈，对不起，没有经过您的允许，我把桌子上的钱装到了自己的兜里。"妈妈觉得，小旭做错了事能说出来，就很棒。她安慰了小旭之后，就和小旭说明了不给他零花钱的缘由。小旭听了连连点头，他也发自内心地认识到了自己的错误，他十分感谢妈妈能懂自己。

小旭跟妈妈要零花钱，妈妈不知道缘由没给他，所以他偷拿了。当孩子偷拿了父母的钱后，父母不要急于上纲上线，认为孩子变坏了而教训孩子，孩子现在偷拿家里的钱不等于将来就会成为"惯犯"。只要进行正确的引导，绝大多数的孩子都会改掉偷拿的习惯。当孩子犯错的时候，家长要相信自己的孩子，耐心问明原因，以包容的态度接纳和安慰孩子。父母包容孩子，就是当孩子犯错的时候，让他深刻认识到自己的错误，并教会孩子学会换位思考，鼓励孩子勇于承担后果，给予孩子适度的惩罚与表扬。

信任孩子，告诉他可以做到更好

家庭教育中父母要信任孩子，孩子也需要父母的信任，很多家庭教育矛盾都源于家长与孩子之间的不信任。对于孩子来说，父母的信任是一种神奇的力量。在孩子长大成人之前，父母是孩子唯一的社会关系，所以父母的信任对孩子来说是至关重要的。父母的不信任会让孩子没有安全感，做什么事情都没有自信，甚至会引起孩子的逆反心理。

红红今年上小学二年级，学习成绩一般。平时，妈妈总是对红红说："看看，连这道题都不会，都已经给你讲了多少遍了，算了，反正你也考不出什么好成绩，就这样了！"红红很想在爸爸妈妈面前证明自己，就开始努力。第一个学期的期末考试，红红考试成绩还不错，数学92分，语文88分，妈妈看到红红的成绩，首先说出的一句话就是："红红，这分是你自己考的吗？你可不许抄别人的啊。"

红红原本以为妈妈会夸赞自己，肯定自己的努力，但妈妈却说出了这样的话，明明就是不信任自己的表现。不过，红红还是理直气壮地跟妈妈说："我考试的时候，没有抄任何人的卷子，是我凭自己的本事考出来的。"她对妈妈说的时候，小脸憋得通红。妈妈见此情景，觉得红红是在狡辩，她盯着红红看的时候，眼中带着满满的怀疑。

这之后，红红考试成绩又回归了平常，因为她觉得自己无论怎样努力，妈妈都是看不到的，也不会相信和认可自己。妈妈对自己的不信任，让红红非常难过。她在班里有个好朋友，叫小青，也是她的同桌，两人关系相处得非常好。红红就将自己的心思告诉了小青，她说："没有妈妈的鼓励，没有妈妈的信任，没有妈妈的认可，我觉得自己做什么都毫无意义，一点儿动力都没有。"

随着时间的流逝，红红在一天天长大，因为妈妈不信任自己，她也开始不信任妈妈，不会和妈妈讲自己在学校里的事情，不会和妈妈外出游玩，更不会请教妈妈学习上的事，因为，她觉得妈妈就只知道不相信自己，其他什么都不会做。

妈妈的不信任导致红红不再信任妈妈。当家长的一些言语和行为，让孩子感到自己不被信任时，他会认为自己失去了父母的关爱。亲子之间的沟通是建立在信任的基础上的，而孩子需要先被家长理解之后才会信任家长。孩子不愿意跟家长沟通，并不是因为家长无法解决孩子面临的问题，而是因为家长总是不相信他的话，所以干脆就不告诉他们。当孩子遇到挫折时，得到了父母的信任，他们才有勇气继续向前。当父母看到孩子十分努力、用心在做事的时候，一定要适时地给予鼓励，让孩子知道父母看到了他努力的过程，这样孩子做事才会越来越有动力。

小珊是一名初二的学生，生理与心理处于快速生长阶段，心智还未成熟，和同龄孩子一样，她觉得自己已经长大了，一些事情不需要父母的干预了。这时，老师举办了一次家长会，需要家长配合了解孩子的学习情况和交友情况，以及平时的上网情况，并给予监督。

家长会结束后，一些家长回到家为了了解孩子，就开始翻看孩子的日记本，悄悄打开孩子的手机。孩子们对家长的这种行为开始抱怨，表示不满。而小珊的妈妈却没有这么做，因为她比较相信自己的女儿，一直以来，她都教育小珊，要学会交朋友，要与朋友真诚相处，共同进步。小珊平时都会带着自己的好朋友回家，孩子们也都很有礼貌，大家吃了饭，会一起坐下来讨论问题。基于对女儿的信任，妈妈没有去干预小珊的交友情况。如今是网络时代，孩子上网是一件很正常的事情，妈妈也允许小珊上网。在小珊刚刚接触网络时，妈妈就和小珊商量了上网的时间，以及该如何上网，小珊都一一履行了。在小珊整个上网过程中，妈妈从未干预她，小珊也很自觉。

所以，小珊的妈妈觉得，孩子应该得到尊重，她应该信任小珊，尊重小珊，这样，孩子才会变得越来越优秀。

小珊和妈妈之间做到了相互信任和尊重。信任是孩子成长学习过程中不可或缺的支持力量。父母信任孩子，首先，就要相信孩子的能力。每个孩子都有自己的优点，父母要给予肯定，有了父母的正面激励，孩子学习或做事的时候，就会变得积极向上。其次，要尊重和理解孩子的选择。父母应该多听一听孩子的心声，尊重他的意见，让他感受到来自父母的关爱。最后，要尊重孩子的隐私权，让孩子拥有自己的空间，不被父母打扰。只有感受到父母对自己的信任，孩子才会更信任父母。但是信任并不等于放任，如果让孩子肆意妄为，他就会将事情做得一塌糊涂，所以，父母一定掌握好那个度。

陪伴孩子，让孩子感受家的温暖

　　心理学家李玫瑾曾说过："孩子需要父母的陪伴，陪伴过程中产生的亲子之间的依恋关系就是父母以后教育孩子的资本。"父母的陪伴是孩子成长过程中极为关键的支撑力量，因为父母的陪伴可以缓解孩子的压力，可以帮助孩子提升自信心。因为有父母的鼓励，孩子遇到问题时，能够坦然面对，长大以后也能更好地应对社会上的挑战。

　　多多的爸爸妈妈整天都忙于工作，他们很爱多多，他们辛勤地工作，就是为了能给孩子带来好的生活。他们总是不停地为多多买这买那，但凡孩子需要的，他们都会给多多买。多多什么都不缺，但唯一缺少的就是爸爸妈妈的陪伴。

　　多多写作业的时候，爸爸妈妈不在身边，她有不懂的问题，只能空在那里。学校每次开家长会的时候，爸爸妈妈都缺席，看到同学和爸爸妈妈有说有笑的，多多不知道有多羡慕。星期天的时候，同学都跟着爸爸妈妈外出游玩，多多则一个人去参加各种训练营，没有爸爸妈妈的陪伴，多多觉得好孤独。

　　一直以来，多多都有一个愿望，就是希望爸爸妈妈能腾出时间来陪伴自己。平时，多多将爸爸妈妈给自己的钱都攒了起来。一天，她拿出了自己存钱罐里的钱，对妈妈说："妈妈，给！"这让妈妈一头雾水，她问多多为什么要给自己钱。多多说："我想买你和爸爸的时间，我想你们陪我，我想你们像别的小朋友的爸爸妈妈陪他们那样陪伴我。"

妈妈看到多多的举动，顿时明白了，原来，多多需要的是爸爸妈妈的陪伴。

多多想用零花钱来买父母陪伴自己的时间，作为父母，从这个案例中你又想到了什么呢？一个温暖的家庭培养出的孩子一定会很优秀，当孩子感受到来自父母的爱时，就会朝着父母所希望的方向健康成长。父母在孩子成长的过程中，送给孩子最好的礼物就是陪伴。对于年龄小的孩子而言，父母的陪伴能够给他带来安全感，给予他心灵抚慰，并为他的健康成长提供正确的引导。对于青少年而言，父母的陪伴能够让他感受到父母的关怀，从而稳定他的情绪。

小新的妈妈在孩子成长的过程中从未缺席。小新小的时候在小区里跟小朋友玩，妈妈会陪着小新，默默地坐在旁边，看着小新玩。有的时候，妈妈看到孩子们玩得开心时，还会加入他们，带着孩子们一起玩。

小新学习的时候，妈妈总会陪在小新旁边，孩子遇到难题时，妈妈和小新一起查资料，一起讨论。小新因为有了妈妈的陪伴，学习很有动力。为了让孩子有个健康的体魄，妈妈每天早上和小新一

起起床，带着他一起跑步。妈妈每天都按时送小新上下学，晚上到了该休息时，妈妈会按时提醒小新。

在妈妈的陪伴下，小新的学习成绩一直很好，同时小新也很懂事，他感谢妈妈这么多年对自己的关心和爱护，从内心深处感受到了来自妈妈的爱。

小新的妈妈在陪伴孩子方面做得很到位。陪伴不只是一种形式，而是要参与到孩子的成长过程中，因为"陪着"并不等于"陪伴"，相比于形式上的无用无效的陪伴，心灵的陪伴往往更重要。父母陪伴孩子，就要认真倾听孩子的心声，做孩子的倾听者；就要和孩子一起承担责任，一起完成一件事；就要多了解孩子的喜好，拉近与孩子之间的距离，让孩子健康地成长。父母在陪伴孩子的时候，不要将自己视为高高在上的权威者，而应该与孩子建立一种平等的关系，在陪伴的过程中与他一起度过美好的亲子时光。

平等交流，让孩子感受到尊重

英国著名教育家赫伯特·斯宾塞曾说过："沟通不是在任何人之间都能实现的。父母只有放下架子，做孩子的知心人，才能实现最成功的沟通。"许多父母在与孩子沟通的过程中，并没有真正地平等对待孩子，所以孩子也很难平等地与他们进行交流。父母放下架子，蹲下来与孩子进行平等沟通，不仅可以促进亲子关系和谐，也能让对孩子的教育变得更为轻松。

最近，小吴的妈妈因小吴迷恋上了游戏而头疼。爸爸和妈妈都制止过小吴，但小吴现在却已到了痴迷的状态，不管爸爸妈妈跟他说什么，他就是不听。

小吴迷恋上游戏之前，学习成绩一直都不怎么好。爸爸想要让小吴有个好成绩，于是每天都督促孩子不停地学习。爸爸总会对小吴说："来，该写作业了，今天写作业，必须完成老师留的所有作业。"爸爸刚说完这句话，就看见小吴有些不高兴。孩子心想："周末放假有两天的作业呢，一天怎么能写得完？"但是他看到爸爸咄咄逼人的样子，想要为自己辩解，却怎么都说不出来。

爸爸总是以这种方式来逼小吴学习，孩子渐渐对学习失去了兴趣，每当爸爸妈妈不在身边时，他就悄悄玩起了游戏。他不喜欢将自己的心里话告诉爸爸妈妈，就以游戏为寄托，就这样，慢慢地迷恋上了游戏。

之后，不管爸爸妈妈跟自己以什么样的方式交流，小吴都一副满不在乎的样子，一心只想着玩游戏，将他们的话和学习都抛之脑后。

很多父母像小吴的父母一样，他们只会使用家长权威，从不关心孩子内心的想法，孩子自然也不愿意再让父母走进自己的内心世界，这就是因为沟通出现了问题。要想与孩子进行平等的交流，尽量要与孩子保持人格上的平等，这是父母与孩子进行平等交流的前提。人格上的平等主要体现在尊重孩子方面，在孩子犯错误时宽容，在孩子做事的时候把他当作大人。孩子需要尊重，如果得不到，他们在大人面前总没有平等对话的机会，被动地接受父母的管束，有话不能说，有意见不敢提，那么久而久之他们连自己的想法也不敢、也不愿与父母交流。父母与孩子交流，平等的态度尤为重要。如果孩子感受到了自己被父母尊重，就会对父母敞开心扉。

星期天，小帅写完了作业，爸爸就带着他来到公园和小朋友们一起踢足球。

孩子们玩得非常开心。就在这时，小帅一不小心摔倒了，他的膝盖也摔伤了。爸爸看到小帅摔倒之后，走过去，蹲了下来，把小帅扶了起来。小帅看到自己的伤口，眼中含着泪，爸爸看到之后，却很淡定地对孩子说："男子汉，要坚强，一点儿小伤，不碍事，走，爸爸带你去处理一下伤口就没事了，看样子不会留下伤疤。"

小帅听爸爸这么说，感觉伤口也没有那么疼了。这时，小朋友们纷纷过来安慰小帅，有的孩子问他："疼不疼？"有的孩子说："还可以坚持吗？"有的孩子说："小帅，赶快去医院包扎一下吧！"小帅却很惭愧，他觉得比赛输了，很对不起自己的队员。

　　爸爸看出了小帅的心思，于是说："小帅不要伤心，所有的小朋友都觉得你努力了，你已经很棒了！即便没有胜利也没有关系，爸爸还是为你感到骄傲！"

　　听到爸爸的鼓励，小帅心里开心极了，刚刚还因为伤口疼想哭呢，现在，一点儿都不难过了。现在，他只希望自己的伤口赶快好起来，再次和小朋友们一起踢球。爸爸说话的语气和方式让小帅的心里很感动，他觉得爸爸以一种平等的视角鼓励自己，没有责备也没有唠叨，他感受到了爸爸给予自己的关心和尊重。

作为父母，在教育孩子的过程中，我们要向小帅的父母学习，对待孩子要像对待朋友一样，这样才能建立平等沟通的桥梁。父母与孩子之间要实现平等交流，应该学会倾听孩子的想法。在与孩子交流时，父母要放下手中的工作，让孩子感受到你是在乎他的。当孩子倾诉完了之后，父母要做出回应，对孩子讲出自己的真实感受。同时，要找准谈话时机，把握好谈话内容，让孩子体会到与父母交流时的轻松愉悦。当孩子遇到解决不了的事情时，父母要与孩子一起承担，共同寻找解决问题的办法。这样，让孩子感受到来自父母的尊重，孩子会以更加乐观的态度面对生活。

安慰孩子，做孩子的坚强后盾

《人民日报》曾刊登一篇文章，告诉各位家长："教育好自己的孩子，不是只有老师的事，更是你这辈子最重要的事业。"学校再好，老师再好，在孩子心目中也永远替代不了父母的位置。孩子在成长的道路上会遇到各种各样的问题，他会困惑，会迷茫，甚至会逃避，父母要做孩子的坚强后盾，让孩子在奔向人生战场的路上没有后顾之忧。面对困难与挫折，只要父母给予足够的支持与鼓励，孩子就能坦然面对挑战与失败。哪怕失败了，他也会在父母的鼓励与支持下，重拾自信，继续前行。

萌萌今年上初三了，因为面临着升学压力，所以她每天晚上都会学习到很晚，但每天晚上躺到床上时，她都翻来覆去睡不着觉。妈妈认真观察了一段时间，发现萌萌时常焦虑不安，也很在乎自己的成绩，每次成绩不理想时，她就会在自己的房间里偷偷抹眼泪。

　　萌萌的表现让妈妈很是心疼，她要帮助萌萌走出困境。于是妈妈就想利用星期天的时间，带着萌萌去公园散步。一开始，萌萌是拒绝的，因为她想利用这个时间学习。这时，妈妈对萌萌说："你已经写了那么长时间了，出去散散步，也不会耽误很长时间的。"萌萌点了点头。

妈妈和萌萌来到公园，母女俩坐在了秋千上，萌萌带着郁闷的神情对妈妈说："妈妈，我努力了，成绩怎么总是上不去呢？我好想考出心目中的理想成绩。"妈妈说："萌萌，你已经努力了，在妈妈看来，你已经很棒了，相信用不了多长时间，你的成绩就会突飞猛进。"妈妈接着对萌萌说："有的时候，放下心中的负担，学习起来，反而要轻松很多。"妈妈安慰萌萌时，语气平和，很放松，萌萌觉得，和妈妈聊天，简直就是一种享受。从这一刻起，她开始慢慢放下心中的负担，带着愉悦的心情去学习。

现在，萌萌开始和家人有说有笑，变得乐观了，她的成绩也提高了。

萌萌的妈妈善于观察孩子的变化，并且积极引导萌萌走出心灵的焦虑。当孩子面对挫折与失败时，父母一定要适时安慰孩子，引导孩子，在给予他心灵慰藉的同时让他明白应该如何应对遇到的问题。父母的安慰对孩子来说是一种精神慰藉，孩子得到了体谅，受到了鼓舞，才能获得做事或学习的动力。在平时，父母要认真观察孩子的状态，一旦发现问题，就要及时解决。要给孩子提供建设性的建议，引导他正确解决难题，鼓励他勇敢地克服困难。

果果刚上幼儿园，星期天，妈妈带着她去游乐场玩。游乐场里有旋转小木马，中间还有果果最喜欢的芭比娃娃。果果一进入游乐场，就没有挪过地方，一会儿摸摸芭比娃娃，一会儿坐在旋转木马上，玩得特别开心。

不知不觉中，天就要黑了，妈妈告诉果果要回家了，果果就开始大哭大闹了起来，她舍不得走，还想再玩芭比娃娃和旋转木马。妈妈看到果果哭得非常伤心，就对她说："果果，你喜欢这里，不舍得走，不舍得芭比娃娃，不舍得旋转木马，对吗？"

　　果果点了点头，对妈妈说："妈妈，我不想回家，还想玩。"妈妈说："嗯，妈妈知道果果还想玩，你玩得很开心，你要离开了，很伤心，对不对？"果果说："是的，我好喜欢这里。"妈妈说："妈妈知道果果喜欢这里，但是，现在，我们必须要走了，到了回家的时候了，这里工作的叔叔阿姨马上就要下班了，果果去和芭比娃娃，还有旋转木马说'再见'吧！有机会，妈妈还会带果果来这里，可以吗？"

　　果果听妈妈这么说，点了点头，跟自己心爱的"好朋友"道了别，就和妈妈一起回家了。

　　果果玩游戏入了迷，天黑了也不愿意回家，妈妈一催促，她就开始大哭大闹起来。后来有了妈妈的安慰，果果没有那么伤心了，她反而懵懵懂懂地懂得了做事要有时间观念，要体谅别人。孩子在自己的成长道路上有时候会迷失方向，无法控制自己的情绪，父母就要及时察觉，以正确的方式安慰孩子。父母安慰孩子时，应该先调整好自己的心态，控制好自己的情绪，不能让自己的负面情绪影响到孩子。父母的安慰应是正向积极的，这样孩子才能变得更加积极向上。

第二章

悉心教导，培养孩子正确的价值观

价值观是我们看待事物、行事方向的主观态度，是人生的价值和意义，是一种信仰和追求。价值观的形成，和一个人从小所受的家庭教育有着直接的关系。正确的价值观可以提升孩子的人格魅力，可以促进孩子的健康成长，能让孩子受益一生。价值观的培养要从小开始。父母是孩子的第一任老师。培养孩子正确的价值观是一个比较复杂且漫长的过程，不可能一蹴而就，也不会立竿见影。作为父母，在与孩子的朝夕相处中，需要潜移默化地帮助孩子树立正确的价值观。

教孩子学会尊重，懂得尊重他人

俗话说"己所不欲，勿施于人"，人与人之间只有相互尊重，才能和谐相处。尊重他人是中华民族的传统美德，孩子是否尊重他人，是个人素质的直接体现。一个懂得尊重他人的孩子，将来才能更好地融入社会。尊重他人，是孩子未来立足社会的生存之本。父母培养孩子，首先要让他学会尊重他人。父母要经常告诉孩子，"投之以李，报之以桃"的道理，让孩子懂得尊重与体谅他人，才能换来他人的真心与信任。

小亮和小强是好朋友，一天，小亮邀请小强来自己家里玩。两个孩子在家里玩时，小亮的妈妈下班回到家，小亮向妈妈打了声招呼后，继续玩了起来，小强却什么都没有说，就像没注意到这位阿姨一样。小亮的妈妈一开始以为小强只是腼腆，于是主动向小强打招呼，这时，小强就像没听到似的，连头都不回一下。小亮的妈妈看到小强这样的举动，只是笑了笑，她觉得是孩子玩得太专注了，也没有太在意孩子的表现。

不一会儿，小亮的妈妈为孩子们切了些水果，刚放在茶几上，小强就拿起了苹果，啃了起来。小强原本可以向阿姨说声"谢谢"，但他却没有说。吃完水果后，小强觉得无聊，就开始翻动小亮家的抽屉，一会儿将他的学习机拿了出来，一会儿将他的故事书拿了出来，弄得家里乱七八糟的。这时，小亮对小强说，"把家里收拾一下，因为妈妈下班太累了，要帮妈妈减轻负担"。小强却说："我来你家里玩，我是客人，原本应该你自己收拾的。"说完，小强就头也不回地走了。

　　妈妈看到小强的表现之后，对小亮说："儿子，妈妈觉得小强很没有礼貌，也不懂得尊重他人，如果你去了别人家里，不能这样，明白吗？"小亮点点头，他明白自己要做一个有礼貌、懂得尊重他人的孩子，妈妈从小就是这样教育他的。

像小强这样没有礼貌的表现，很容易引起别人的排斥和反感，他不懂得什么是尊重他人，这与他父母对他的教育有很大的关系。我们每个人都有尊严，都渴望得到他人的尊重。尊重他人，才能获得他人的体谅。孩子在成长的过程中，慢慢会形成自己的个性，他们对人与事都会有自己独到的见解，有时会直接表达自己对某一件事或某一个人的态度。这时，父母就要引导孩子学会尊重他人，对家人、亲友、同学和老师等所提出的意见或建议，可以不赞同，但要尽量表示尊重。

小军平时不懂得尊重他人，在学校里不问"老师好"，在家里总是顶撞爸爸妈妈，看到谁有缺点，他总会讥讽、嘲笑。有一次，他看到班里一位同学的衣服脏了，就指着同学说："看看你的衣服，脏兮兮的，走，我们大家都不要跟他玩。"

小军的表现，妈妈都看在眼里，她不想让小军成为一个不尊重他人的孩子，于是她开始给小军讲关于尊重他人的故事。妈妈为小军讲了《卖铅笔的商贩》的故事，这个故事讲的是一位商人看到一个衣着褴褛、蓬头垢面的人在卖铅笔，他很同情他，觉得他很辛苦，就从兜里掏出了一元钱，给了卖铅笔的人，随后离开。过了一会儿，他好像想到了什么似的，又返了回来，从卖铅笔人的笔筒里取了几支笔，笑着解释道："我忘记拿铅笔了。"接着，他又说："我们都是商人，我买你卖的东西，理所当然。"几年后，两人在一次高档商务宴上再次相遇，这时卖铅笔的人对这位商人说："先生，非常感谢您，感谢您当时对我的尊重，感谢您把我当成商人，正是您给予我的尊重让我获得了今天的成功。"

小军听了妈妈讲的故事，就在想，原来尊重他人，可以让对方怀着一颗感恩的心，那也是一件开心的事。从这之后，小军慢慢地开始注意尊重他人，身边的人也开始喜欢他，他有了越来越多的好朋友。

小军的妈妈用讲故事的形式告诉孩子要学会尊重他人，这让他受益匪浅。尊重他人是一种可贵的品质。作为父母，我们应该身体力行，为孩子做好榜样。如果我们尊重他人，孩子有样学样，慢慢地也会懂得尊重他人。比如，父母待人彬彬有礼，孩子自然不会粗鲁莽撞；父母见到长辈嘘寒问暖，孩子自然也能主动问候；父母在公共场合不大声喧哗，孩子自然也能低声细语。此外，要让孩子学会尊重他人，最重要的一点就是父母要尊重孩子。在平时的学习与生活中，父母要尊重孩子选择的权利，如选择自己的爱好，自主安排自己的学习时间等，让孩子遵照自己内心的意愿去做事，父母可以指导，但不要强迫。

教孩子学会承担，做负责任的人

　　培根曾说过："责任感是世界上最珍贵的种子，它若早早地播种在孩子的心田里，孩子将会收获一生一世的幸福。"做一个有责任心的人，这是父母传递给孩子的一个重要的价值观。孩子学会承担责任，他才能拥有主宰一生的能力。如果孩子没有责任心，不会承担，长大以后必然不能在社会上立足。很多父母溺爱孩子，孩子每每遇到点儿什么事情，他们都唯恐孩子受一丁点儿委屈，自己能做的就全部包办代替，久而久之，孩子就变成了一个没有责任心的人，因为凡事有父母给自己"兜着"，自己不需要承担后果。

　　小兰的爸爸妈妈很疼爱她，他们对待小兰就像对待温室里的花朵。在家里，爸爸妈妈什么都不让小兰干。小兰要喝水的时候，妈妈会提前为小兰的水杯里准备好水；小兰写作业的时候，爸爸会替小兰提前在书桌上摆好书；小兰在外面玩耍时，爸爸妈妈总会提前为小兰清除活动区里面的障碍物。

　　一天，爸爸去接放学的小兰，这天正好下大雨，爸爸接到小兰后，一只手为小兰撑伞，一只手替小兰拿着书包，小兰却叉着腰，对爸爸说："爸爸，你看，你打的伞淋了我一身雨水。"爸爸听小兰这么说，立即把伞往小兰这边挪，这时，小兰的情绪才稍稍缓和了一些。

　　爸爸妈妈很关心小兰，小兰却一点儿都不关心他们。那天，妈妈生病，小兰正在看动画片，妈妈因为发高烧，浑身酸痛，她让小兰帮自己倒杯水，小兰却冷冷地说："妈妈，你自己不会倒吗？平时都是妈妈帮我倒，我不会倒水。"没有办法，妈妈只能等到爸爸下班回来的时候为自己倒水了。

　　小兰不仅在家里对爸爸妈妈这样，就连在学校里也是这样，大家都在值日，她却站在那里什么都不干，理由就是，自己不会做。爸爸妈妈用这样的教育方式，让小兰在家里没有责任心，在学校里也没有责任感。

小兰的父母错就错在本该孩子做的事情，他们却包办代替了。这是一种溺爱，也是对孩子的一种伤害。孩子自己的事情还是需要他自己做，并要尽力做好。父母如果事事为孩子代劳，孩子很容易变得没有责任感。孩子需要磨炼，父母要慢慢陪孩子养成自己的事情自己做的好习惯，这有助于增强孩子的责任心。除了让孩子完成自己的事情外，父母还可以适当地为孩子安排一些任务，培养孩子的担当意识。所以，在平时教育孩子的过程中，家长要注意培养孩子的责任感，让孩子做一个有责任感的人。

　　小璐是一个特别有责任感的孩子，从小爸爸妈妈就教育她，自己的事情自己做，他们会让小璐自己叠被子、自己叠衣服、自己整理自己的小房间。当小璐大一点儿的时候，妈妈突发奇想，要和小璐一起制订家庭收支计划。一开始，小璐制订的计划并不是很好，因为她和妈妈一起去超市买菜时，超出了自己的预支，有了这次实践经验，她又和妈妈重新制订了一下计划，果然，这次好多了。

　　不仅如此，她平时还会帮妈妈一起收拾房间、洗衣服，在写完作业的时候，还会帮妈妈做饭。小璐特别懂事，每当爸爸下班回到家时，她总会为爸爸精心准备一盘水果。其实，这一举动，小璐是从爸爸那里学来的。那天，小璐放学回家，因为学校进行了模拟考试，小璐觉得很累，恰好这时候爸爸在家，小璐写作业的时候，爸爸为小璐切好了水果，还摆出了很好看的花样。顿时，小璐的疲惫感就没有了，她很感动，从内心深处特别感谢爸爸。

小璐在学校里也特别有责任感，不管老师为同学们安排什么任务，她都会积极举手参与，和大家一起愉快地完成任务。当有同学遇到小困难时，她也会帮忙解决，大家都愿意和她做朋友。

小璐的懂事和有责任心，来自父母的言传身教。要想孩子学会承担责任，父母要先学会承担自己的责任，为孩子树立一个好的榜样，用实际行动去影响孩子。孩子越早学会承担责任，他的能力就会越强，他的进步自然也会越快。因为一个有责任心的人，会积极主动地做好事情，并且能够承担做不好事情的后果，而不是把责任归咎于别人。培养有责任感的孩子，并非一朝一夕之事，要从小培养，而且父母要与孩子一起坚持，让孩子从历练中成长，在成长的过程中成为一个有责任感的人。

教孩子学会坦诚，真诚与人相处

康德曾说过："诚实的人最聪明，诚实比一切智慧都重要，因为它是一切智慧的基本条件。"世界上没有人喜欢和谎话连篇的人做朋友，真诚不但是一个人最可贵的品质，它还是人与人之间沟通交流的最安全的保障。真诚可以换来珍贵的友谊，也可以赢得人们的尊重。真诚能够放射智慧的光芒，能让孩子减少出错的机会。如果出错就用谎言遮盖，那样错误只能越来越大、越来越多。在教育孩子的过程中，我们一定要注意培养孩子真诚待人的好品德，让他成为一个受欢迎的人。

　　佳佳放学后，一脸的不高兴。妈妈看到后，就问她怎么了，佳佳告诉妈妈："小爱跟我说，我的好朋友晓晴说我的坏话，她可是我最要好的朋友。"妈妈听佳佳这么说，于是问佳佳："你和晓晴可是很要好的朋友，你觉得她为什么要说你呢？"佳佳说："她一定是嫉妒我学习好，她在别人面前说，我这次考的好成绩是抄来的。"

　　妈妈想了一会儿，接着对佳佳说："你有没有听到晓晴亲口这么说呢？"佳佳说："没有，我只是猜测。"妈妈说："依照你和晓晴平时的相处来看，她会在背后这么说你吗？"佳佳说："我们平时可是很要好的朋友，我感觉她不会，但是我听小爱这么说，就相信了。"妈妈告诉佳佳："凡事都要有证据，不能只听别人说，也不能凭猜测，你说对吗？这可是朋友之间的一种真诚和信任。"

　　佳佳听妈妈这么说，觉得很有道理。她现在对待自己好朋友的态度，明明就是不信任的表现，她不能对好朋友产生猜忌，要相信自己的好朋友。

　　佳佳差一点儿就误会了自己的好朋友，在妈妈的提醒下，她明白了好朋友之间最重要的就是信任，这种信任来自朋友间的坦诚相待。"人无信，则不立。"父母要想孩子能够真诚地与人相处，首先，自己要真诚地与人相处。其次，在与孩子交流时也应真诚。再次，多给孩子讲一些关于真诚的故事，或者让孩子多和一些真诚的朋友玩。最后，引导孩子真诚地对待别人。当孩子有一些违背真诚的行为或言语时，父母应及时制止。

　　小琳和杨灿是很要好的朋友，两个孩子学习都很好，每次考试成绩都不相上下，不过，有的时候，只要杨灿的成绩超过小琳，小琳就稍稍有些嫉妒，每次考试，她总希望杨灿的成绩不要比自己高。

　　这一次的期末成绩分数再次公布，杨灿比小琳高出一分。小琳回到家，就对妈妈说："妈妈，我不想和杨灿做朋友了，她比我考得好！"妈妈听到小琳这么说，就对孩子说："你发自内心地认可你的好朋友吗？"小琳说："是的，但是，我就是不喜欢她比我考得好。"妈妈说："杨灿比你考得好，你就应该学习杨灿的优点，这样会让你再次进步。你既然从一开始就选择了自己的好朋友，就要真诚对待他，你们要共同进步。"

　　第二天，小琳来到学校后，杨灿很热情地向小琳打招呼，她对小琳说："小琳，我昨天在网上学习了一些书法技巧，我想把我学习到的分享给你，来，我告诉你。"说着，杨灿就拉着小琳来到了教室里，两个人一起研究了起来。这时，小琳意识到了，杨灿真是自己的好朋友。不光是这一次，每一次杨灿只要学习了新的东西，

都会把技巧和心得分享给自己。杨灿的举动让小琳很感动。

　　小琳就在想：自己应该把杨灿当成自己真正的好朋友，从今天开始，自己要努力，和杨灿一起进步，自己也要学习一些新知识，然后分享给杨灿。渐渐地，小琳不再嫉妒杨灿了，她觉得和杨灿这样的相处方式很舒服，她要把这份友谊一直保持下去。

　　小琳在妈妈的帮助下，学会了如何跟朋友真诚相处。真诚是一个孩子与生俱来的好品质。作为父母，我们应该以自己的坦诚来保留孩子的天真无邪。作为父母，一定要为孩子做个好榜样，做到表里如一。如果家长"哄骗"孩子，总是给孩子开空头支票，不能兑现自己的承诺，那么不仅会失去孩子的信任，而且会在孩子心里种下虚伪的种子。父母让孩子学会真诚对待他人，就要赋予孩子一颗真诚的心，让孩子在五彩缤纷的生活中感受到来自于父母的真诚，当孩子汲取了这份真诚的爱之后，就会回馈给父母以及身边的人。

培育同情心，让孩子乐于助人

在家庭教育中，父母要有意识地培养孩子的爱心、同情心和助人为乐的精神，这是一种难能可贵的价值观。孩子拥有同情心，可以将心比心地去理解他人，能够以宽容的心去善待他人。孩子学会同情弱者，是强大自己，也是变得善良的最好方式。乐于助人的孩子的心灵是美好的。当孩子帮助别人的时候，也能收获别人的感激，同时也能让自己有成就感，从而实现自己的人生价值。孩子有没有爱心和同情心，和父母的影响和教育是分不开的。

小敏是一名二年级的学生，从出生开始，爸爸妈妈就把她当成小花朵一般呵护着她。她在家里可谓是"呼风唤雨"，想要什么，爸爸妈妈都会给她买。平时爸爸妈妈也舍不得让她干活，对她呵护有加。这样，小敏就变得很自私，总觉得所有人都应该为自己付出。

小敏的学习成绩还不错。一天，同学想让小敏帮忙讲解一道数学应用题，小敏却冷冷地说："老师都已经讲过了，你还不会吗？

我这里还有课文要预习呢？没时间给你讲。"当时，小敏的同学听她这么说，觉得很尴尬，但是也没有说什么。

不久后，班里有位同学生病了，大家都纷纷拿出自己的零花钱，捐给这位同学，小敏却说："我还要用零花钱买芭比娃娃呢，才不捐给他。"同学们听小敏这么说，慢慢地都开始疏远她了，他们觉得小敏是一个没有爱心和同情心的孩子，大家都不想和小敏做朋友。

小敏有一个好朋友，名叫小珊，通过这件事后，小珊也变得不愿意和小敏玩了。过了几天小珊又找到了新的朋友，小敏变得很伤心。不过，到现在，她依然没有意识到大家为什么会以这种态度对她，她一心只觉得都是同学们的错。

小敏的表现让同学们看不惯，也让她失去了好朋友，究其原因，是因为她缺乏爱心和同情心。作为父母，从孩子出生的那一刻起，我们就应该引导孩子有一颗向善的心。父母应该从日常生活开始，培养孩子热爱大自然的情怀，慢慢地，孩子会由此及彼，热爱周围的一切事物，同时也会以同情的心态面对他人。父母要教会孩子以宽容的态度面对他人，学会分享，分享自己的快乐，分享自己的成果。父母要让孩子学会尊老爱幼。如果孩子将这份爱付诸实际行动，渐渐地，他就会拥有同情心，拥有乐于助人的爱心。

洋洋的爸爸妈妈工作很忙，平时他都住在爷爷奶奶家。爷爷奶奶很疼爱洋洋，舍不得让洋洋受一点儿委屈，家里有好吃的、好玩的，都要先给洋洋。这样，洋洋养成了不管是在家里，还是在学校里，不管干什么都只顾自己的习惯。

　　妈妈意识到洋洋是一个没有爱心的孩子之后，决定要改变孩子的错误认知。妈妈休假的时候，专门带着洋洋来到贫困山区。妈妈买了很多吃的和生活用品，让洋洋送给这里的小朋友。洋洋来到这里，开始有些不适应，吵着要回家，但待了几天之后，看到这里的小朋友艰苦的生活，他就在想："这里的小朋友生活太苦了，自己要像妈妈一样帮助他们。"他告诉妈妈，要将自己所有的零花钱都捐给这里的小朋友，让他们过上好的生活。

通过这次的经历，洋洋的内心受到了很大的触动，那里的小朋友没有自己这样优越的生活，但在获得自己的帮助的时候他们很感激，同时也跟自己成为很好的朋友。洋洋充分体验到了帮助别人获得的快乐，他暗暗告诉自己，以后一定要做一个乐于帮助别人的人。

洋洋的妈妈让孩子去了解和帮助贫困山区的孩子，洋洋通过切身的感受明白了帮助别人的意义，从而改变了他过于自我的想法。孩子拥有同情心，表现在能够对别人遇到的困境或者遭受的痛苦表达关心、给予安慰，在力所能及的情况下给予帮助。让孩子拥有同情心是需要培养的，最重要的就是要用实际行动和言语去感化孩子，保护好孩子与生俱来的那颗纯真的心灵，让孩子懂得付出，用爱去拥抱世界。俗话说："予人玫瑰，手有余香。"孩子有了爱心，在别人需要帮助的时候，愿意伸出援助之手，这样他才会受到周围人的欢迎，也才会拥有良好的人际关系。

教孩子懂得感恩，感谢帮助过你的人

感恩是中华民族的传统美德。感恩，《现代汉语词典》的解释是："对别人所给的帮助表示感激。"牛津字典给的定义是："乐于把得到好处的感激呈现出来且回馈他人。"一个懂得感恩的人，人品不会太差，这也是让一个人走向成功的前提。感恩也是一种生活态度，是获得幸福的必要因素，如果一个人对他所遭遇的一切充满敌意与怀疑，那么他是不可能获得幸福的。若要让孩子懂得感恩，父母就要对孩子进行感恩教育。

　　吴磊就要去上大学了，妈妈拎着大包小包把他送到了火车站。现在，吴磊已经长大了，高高的个子，在妈妈面前就是个大小伙子，他比妈妈要高出一头。就在吴磊要上火车时，妈妈把所有的包都为他拎到了火车上。

　　火车马上就要开了，妈妈挤出了人群，下了火车，跑到了吴磊所在的车厢位置那里。这时，吴磊已经坐在了靠窗户的座位处。妈妈很不放心，因为平时在家里，都是妈妈来帮他打理所有的事。所以，这次妈妈千叮咛、万嘱咐，对孩子说，"妈妈把你的包就放在了靠近你的地方，下火车的时候，记得拿好了。"吴磊不耐烦地点了点头。

　　当妈妈要和他再说点儿什么的时候，吴磊打断了妈妈的话："好了，不要再唠叨了，我知道了，你怎么这么烦啊！"妈妈不再说话了，火车启动了，妈妈看着火车慢慢开走，眼中含着泪水。这一切，吴磊没有体会到，也没有感受到来自妈妈的爱。

　　从小到大，事无巨细，妈妈都要替吴磊去做。这样不但没有培养好吴磊的自理能力，更可悲的是，在妈妈这样的教育方式下，吴磊成了一个不懂得感恩的人。他觉得妈妈为自己做所有事都是应该的，进而他觉得与自己相处的人给予自己的帮助都是理所应当的。他心中不知道何为感恩，他是一个自私自利的人。从这一点上来讲，妈妈对吴磊的教育是非常失败的。

吴磊的冷漠和不知感恩，并不是他本性如此，而是来自妈妈错误的教育方式。有的孩子待人接物非常热情。关心他人；有的孩子则待人十分冷漠，只在乎自己。这就是懂得感恩与不懂得感恩的孩子的区别。在亲子关系中，父母要正确引导孩子，首先应该学会感恩自己的父母，其次要学会感谢他人。当孩子意识到有人帮助了自己，心存感恩并有所回馈时，很多时候，这种举动会给周围的人带来积极影响。孩子懂得了感恩，学会了助人为乐，慢慢地，他就会提升自我修养，以平等的眼光去看待每一个生命。

青青是家里的老大，她有一个弟弟，她总是对弟弟呼来喝去，喊弟弟干这干那。家里有什么东西，只要是她喜欢的，她都会占为己有。平时，一家人去爷爷奶奶家，不管家里有多少人，有没有长辈，到了吃饭的时候，她总会先上桌，等到吃饱了，便拍拍肚子走人了。

爸爸妈妈看到青青这样，觉得应该为她做好榜样，用自己的实际行动去感化青青，让她成为一个懂得感恩的人，一个乐于帮助他人的人。这天，爸爸妈妈带着青青和弟弟外出游玩，到了中午，一家人来到了一家餐厅，看到服务员端上来饭菜时，爸爸妈妈对服务员连声说"谢谢"。

一家人乘坐电梯时，当有人为他们按电梯的时候，爸爸妈妈也会说声"谢谢"。对于这次游玩中，他们所得到过的帮助，爸爸妈妈都对帮助过他们的人说了"谢谢"。弟弟被爸爸妈妈感动了，当他们来到超市时，收银员为他们找零钱、往袋子里装商品的时候，弟弟说了一声"谢谢"。

　　一路下来，爸爸妈妈和弟弟对帮助过他们的人都说了"谢谢"。当他们回家时，天突然下起了小雨。这时，从他们身旁经过了一辆车，车子停了下来，车窗打开来，一位阿姨笑着问他们要去哪里。当他们说要回家之后，阿姨主动邀请他们上了车，还说要专程送他们回家。到家下车之后，青青最先对阿姨说了声"谢谢"。

这个时候，青青从爸爸妈妈身上懂得了感谢他人的重要性，她被陌生人的善举感动了。青青暗暗下决心，如果有一天自己遇到了需要帮助的人，也一定会帮助他们，将爱心的接力棒传递下去。

青青的父母认识到了孩子身上存在的问题，他们通过自己的实际行动，让孩子看到了学会感恩可以给别人和自己带来快乐，而这一切又是在引导孩子向别人表达感谢之意。作为父母，在教育孩子之前，我们应该先做好自己，我们要认真地审视自己，让自己成为一个懂得感恩的人。当有人帮助我们的时候，一定要说声"谢谢"。遇到有困难的人，要学会去帮助他们。父母要及时纠正孩子自私的行为或言语，让孩子变得无私。父母还可以带孩子体验生活，一起参加爱心活动，让孩子通过实践活动认识到感恩与帮助他人的意义与重要性。

教孩子懂得包容，海纳百川而成汪洋

宽容是做人的一种风度和境界。有一颗宽容的心，才能包容人生，体会到幸福。一个人能够学会包容，就拥有了宽容的气度和胸怀。包容，可以化解矛盾，让人释怀；包容，可以让人和睦相处，心情愉悦。孩子具有包容心，是一种难能可贵的品格。"海纳百川，有容乃大。"孩子有了宽容心，就能容纳不同的意见，也会懂得尊重别人的生活方式，他会允许别人犯错并给予改正的机会，他自然就会与人和谐相处。这样的孩子长大以后，社会适应性就会更强。因此，父母要教会孩子学会包容。

小明上初中之后，他的同桌总是欺负他，还总是对他冷嘲热讽。小明表面看上去并没有什么，对同桌的言语和行为看似不在乎的样子，但是心里却默默地记住了他的不是，他心想："终有一天，我会将你强加在我身上的痛苦加倍还给你！"

小明当时看上去好像原谅了同桌，又好像很包容他的样子，但实质上，他早已心生怨恨，心心念念想要报复他。上初二之后，小明开始了报复行动，通过平时的了解，他知道同桌很怕虫子。于是，他故意从校园操场的草丛里找了几条小虫子，放在同桌的文具盒里，同桌看到之后，果然吓得魂不守舍。而小明看到同桌的这种神情，心里别提有多高兴了。

当同桌知道是小明的恶作剧之后，就找他理论。这时，小明也不甘示弱，于是两个孩子在理论的时候，忍不住开始大打出手，结果弄得鼻青脸肿。两个孩子被班主任叫到办公室狠狠批评了一顿。

小明的不包容，同桌的不包容，造成的结果就是两败俱伤。庆幸的是在学校，造成的后果还不至于很严重。如果这两位同学不改变自己心胸狭窄的毛病，不懂得去包容别人，等他们长大后步入社会，就会有更大的挫折等待着他们。

小明和同桌之间不愉快的经历，根源就在于他们不懂得宽容。拥有宽容心的孩子，会对别人所做的事抱有大度、谅解的心态，会化解各种矛盾，不会斤斤计较，也不会抓着小事不放，并且不会让怨恨的情绪存在心里。懂得包容的孩子，在人际关系的处理上通常会得心应手，因为他们能够换位思考，站在别人的立场上考虑问题，能够理解他人的想法，因此别人愿意与他交朋友，他更是因此获得了许多知心的朋友，从而让自己的人生之路走得更加平坦与顺畅。

妈妈带着丽丽来游乐场玩，丽丽玩遍了所有的设施，最后玩累了。这时，她看到游乐场里还有玩沙子的地方，于是就跑到了有沙子的地方玩了起来。丽丽垒了一座城堡，就在她幻想城堡里的故事情节时，一个小妹妹走了过来，在城堡的正中央踩了一脚。

丽丽非常生气，她看着妈妈，对妈妈说："妈妈，小妹妹踩坏了我的城堡，怎么办？"这时，妈妈心平气和地对丽丽说："妈妈觉得小妹妹也想垒一座城堡，只不过，她不知道怎么表达，所以才会以这种方式来求助你。"丽丽听妈妈这么说，便问小妹妹是不是也想垒城堡，小家伙点了点头。

丽丽见状，开始教小妹妹垒起了城堡。果然，小妹妹看到丽丽帮自己垒城堡之后，开始乖乖地看了起来。过了一会儿，小妹妹也学着丽丽的样子垒了起来。丽丽和小妹妹玩得很开心，现在，她已经将刚才小妹妹踩自己城堡的事忘得一干二净了，她一心只想帮小妹妹做好这件事。

在丽丽的帮助下，小妹妹的小城堡也垒了起来，她很开心，还将自己带来的糖果分享给了丽丽，并对丽丽说："姐姐，谢谢你！"丽丽也很开心，在回家的路上，她还对妈妈说："妈妈，我觉得自己今天特别有大姐姐的风范，您觉得呢？"妈妈微笑着点了点头。

丽丽的妈妈很善于引导孩子用宽容心和小朋友相处，这让孩子获得了成长的快乐。要想让孩子变成一个有包容心的人，父母自己要引导孩子包容他人的缺点，告诉孩子，这个世界上没有完美的人，让孩子学会包容他人。同时，父母要引导孩子理解他人，学会原谅他人。如果孩子不懂得这些道理，父母要教会孩子换位思考，让孩子站在别人的角度去考虑某一个问题，这样，他才会从内心深处理解他人内心的想法。当然，父母也有必要让孩子体会一下不被包容的滋味，当孩子尝试了之后，他会对当时的感受深有体会，进而让自己拥有一颗包容的心。

第三章

用心营造，给孩子提供良好的成长环境

只有肥沃的土壤才能长出好庄稼，只有良好的家庭环境才能培养出好孩子。家庭是孩子成长的摇篮，是孩子受教育的第一个课堂。家庭环境对于孩子的成长非常重要，因为家庭环境的好坏，直接关系到孩子行为习惯的养成、人格品德的培育、学习成绩的优劣。作为家长，应该为孩子营造良好的家庭环境，以正确的态度面对孩子在成长中出现的种种问题，以良好的家风熏陶孩子。同时家长也要尊重孩子，让孩子拥有自由的成长空间，让良好的家庭环境成为孩子避风的港湾，让孩子健康快乐地成长。

营造和谐的家庭氛围

著名教育家鲁洁曾说过："家庭不仅影响受教育者的在校学习，而且参与塑造他们的全部个性和人格行为，家庭教育复制着现实的社会关系，孕育着未来社会的风貌。"家庭环境的好坏直接关系到孩子的身心健康发展。良好的家庭环境不仅仅是物质上的，也是心理上的，心理环境的建设更需要我们父母去用心营造。在和谐的家庭氛围中成长的，孩子更有安全感，能更好地调节自己的情绪，还可以表现出更强的社会交往能力，同伴的接纳程度也相对较高。如果家庭氛围不够和谐，孩子的内心会长期处于紧张甚至是压抑状态，会慢慢疏远父母，随着年龄的增长，也会变得越来越叛逆。

小夏今年上五年级，一直以来，他都有个愿望，就是回到家里之后，爸爸妈妈能和睦相处，不再吵架。现在的他一点儿都不想学习，一心只想着用什么方法才能让爸爸妈妈不吵架。

爸爸经营了一家公司，妈妈则一心只在家里照顾小夏。爸爸每天早出晚归，喝酒应酬，没有时间陪小夏开家长会，没有时间陪家人游玩。对此，妈妈对爸爸有些意见，而爸爸却想着妈妈整天都在家里照顾小夏，有足够的时间陪小夏学习、玩耍，已经够了。因为爸爸妈妈都对彼此有意见，所以他们整天都在吵。尤其是晚上爸爸一回家的时候，妈妈就开始唠叨，根本就不顾及孩子是否在旁边。爸爸妈妈两个人说着说着就开始吵了起来，有时候因为声音太高，还打扰到了邻居，常常被邻居找过来。

　　每次，爸爸妈妈吵完架，都相互不理对方。有的时候，爸爸会摔门而出，妈妈则坐在卧室里生着气，只留下小夏在自己的房间里写作业。这个时候的小夏哪里还有心思学习？很多次，他都一头扎到被窝里，默默地流起了眼泪。第二天上课，小夏也没有心思听老师讲课，完全一副魂不守舍的样子，为此，他还常常被老师批评。

有的时候，妈妈心情不好，还经常对小夏发脾气，小夏每次面对乱发脾气的妈妈都特别伤心，小夏丝毫都感受不到家庭的温暖，他就像一只受伤的小鸟，整天都垂头丧气，一点儿自信都没有。

小夏的父母经常吵架，不但影响了左邻右舍，还直接影响了他们自己的孩子，但是他们却没有认识到这样对孩子造成的危害和后果。在一个家庭中，夫妻间的争吵很正常，因为再恩爱的夫妻也难免会有意见不一致的时候。但父母尽量不要当着孩子的面争吵，因为不管谁对谁错，最终受伤害最大的都是孩子。如果父母经常当着孩子的面争吵，孩子就会长期处于紧张、恐惧和不安的情绪中，这会导致孩子极度缺乏安全感。久而久之，孩子的性格会变得敏感自卑、胆小怯懦，甚至孤僻叛逆、自暴自弃。所以，父母要尽量给孩子营造一个和谐的家庭氛围，让他感受到来自家庭的温暖。

楠楠的爸爸妈妈很关心孩子，爸爸妈妈平时喜欢热闹，经常和好朋友一起外出游玩，他们外出时，还经常带着楠楠，让楠楠多见见世面。楠楠学习的时候，爸爸妈妈从来都不打扰她。有的时候，朋友主动提出要来家里玩，爸爸妈妈考虑到会影响孩子的学习，便会委婉拒绝，并放弃自己的娱乐时间，回来陪楠楠。

楠楠在家里感受到了来自爸爸妈妈的爱，她也经常会将这份爱回馈给爸爸妈妈，看到爸爸妈妈上班累了，她会主动给爸爸妈妈捶背，还会给爸爸妈妈递上一杯热水。每次，爸爸妈妈都会夸奖楠楠。

楠楠在学习上有爸爸妈妈的支持,在学校里时,她学得特别认真,老师经常以楠楠为榜样,让其他同学向楠楠学习。其实,楠楠积极向上的状态都来源于爸爸妈妈对自己的关爱,她拥有一个和谐而温暖的家庭。

楠楠和父母的关系十分和谐,家庭的温暖让她在学校的学习也得心应手,这是很多孩子所缺失的,并渴望拥有的。其实,只有在这样的环境氛围中,孩子才能切身感受到来自父母的关爱,才能安心地学习、快乐地成长。毫无疑问,在家庭生活中,家庭成员之间要相亲相爱,互帮互助。当发生不可避免的家庭矛盾时,尽量理性沟通、相互体谅,千万不可歇斯底里、恶语相向。和谐的家庭氛围能够带给孩子完整的爱,让他在充满爱的氛围中长大,他也会成长为充满爱心且善良的人,并懂得用爱心回报社会,回报父母,回报身边的人。总之,父母要尽量为孩子营造一个和睦、幸福的家庭氛围。

用优秀的家风熏陶孩子

家庭是孩子的第一所学校,父母是孩子的第一任老师。家风是哺育孩子健康成长的土壤,它不仅影响孩子的思想品德,还关系着孩子能否成功成才。父母是与孩子接触最密切的人,是孩子模仿学习的榜样。积极向上的父母会让孩子在潜移默化中得到正能量的熏陶，进而培养好习惯，塑造好性格，最终帮助孩子实现他的人生价值。作家莫言曾说过："孩子的优秀，透着父母的汗水。"童年时期，的确是一个人的世界观、人生观、价值观形成的关键阶段，这个时候父母如果能带给孩子正直善良、诚信、勇敢、勤奋踏实的家风，在长期的耳濡目染下，孩子必将走出精彩的人生路。

柯柯的爸爸是一名教师，他经常用自己的经历教育柯柯，做人要自强不息，努力奋斗。爸爸出生在农村，小时候家里穷，生活条件不好，但爸爸不怨天尤人，他珍惜自己读书的机会，努力学习，终于凭自己的努力改变了自己的人生。爸爸希望柯柯也能像自己一样努力奋斗，不抱怨客观因素，不为自己找借口，努力实现自己的人生目标。爸爸的教育理念很明确，就是不让孩子养成爱抱怨、没担当、不能吃苦的坏习惯。

只要和柯柯在一起，爸爸就会让柯柯独立去完成一件事。在这之前，他先为柯柯做好榜样，也会教柯柯去做一件事，为他做指点，但从来都不会插手。柯柯从小耳濡目染，长大后，自然就养成了独立自主的个性。

当柯柯上高中时，因为学校离家远，他要在学校住宿。很多和柯柯同龄的孩子听到这一消息都非常担心，他们觉得自己如果住宿，自己又什么都不会做，到时候该怎么办呢？这时候的柯柯却一点儿都不担心，因为，这些，他平时在家里都可以搞得定。事实就是这

样，当柯柯住宿在学校的时候，每天叠被子，整理衣服，打扫寝室，都不在话下。因为自己的自立，柯柯受到了老师的表扬，成为同学们学习的榜样。

柯柯的爸爸教育孩子要学会吃苦，不要抱怨，要学会自立，不要找借口，这样的家庭教育对孩子的成长十分有益。每个家庭都具有自己独特的家风，家风中蕴藏着前人的智慧，好的家风对孩子的影响深远。父母的言传身教，会给孩子打上家风的烙印！要让孩子从父母的言语中联想到老一辈的故事，体会家族传统，让家风薪火相传。家风是一个家庭的底蕴，接受了优秀家风熏陶的孩子，待人接物谦逊有礼，遇事冷静，善于思考，能够有远大的理想和坚定的信念。

小彤的爸爸妈妈经常教育小彤，要懂得孝顺长辈。小彤很小的时候，爸爸妈妈就经常让小彤背诵《弟子规》，小彤背得最熟练的一句就是："弟子规，圣人训，首孝悌，次谨信。"每当背到这里，小彤就总会问妈妈："妈妈，孝是什么？"这时，妈妈便回答道："孝，就是孝顺，孝顺可是中华民族的传统美德。"

因为小彤还小，对妈妈说的话似懂非懂。为了让小彤对孝体会得更加深刻，妈妈不仅言传，还身教，她亲自为小彤做示范，总是把最好吃的东西留给爷爷奶奶。一家人吃饭时，妈妈都要告诉小彤，让长辈先动筷子，之后，小彤才可以上桌吃饭。妈妈告诉小彤要这么做，事实上，妈妈也是这么做的，这一切，小彤都看在眼里，学在心中。

慢慢地，小彤受到家风的熏陶，善待每一位长辈。妈妈上班回来时，他会给妈妈捶捶背；爸爸上班回来时，他会给爸爸递上一杯暖茶。每当这个时候，爸爸妈妈的心中就无比欣慰。

小彤的父母在教育孩子方面，真正践行了言传身教，小彤妈妈通过让孩子背诵《弟子规》进行相应的熏陶，并给小彤提供了一个孝顺老人的正面示范，让小彤懂得了要孝顺长辈的道理。家风，虽然是一种无言的教育，但在日常生活中却潜移默化地影响着孩子的一言一行、一举一动。家风是一个家庭的精神文化，它对孩子的品行与教养具有深远的影响。一个家庭如果没有好的家风，对孩子来说就缺少了约束，很容易偏离人生的轨迹。父母要让孩子学会自我约束，进行自我提升。父母有时也应该学会放手，让孩子从小事做起，从自身做起，弘扬家族的传统美德，传承良好的家风，这样向孩子传播优良家风的传统，孩子长大后才能传播正能量。

给孩子自由的成长空间

在教育孩子时，倘若我们总是拿出家长的权威去命令孩子，告诉他这个可以做、那个不能做，长此以往，孩子就会越来越陷入无奈的境地，等压抑到一定程度时，孩子就会进行反抗。如果我们能在给孩子提出要求的同时，让孩子有一定的自主权，有一定的选择权利，孩子就不会因为父母的高压而进行反抗。所以，作为父母，我们不要过于管束孩子，要给他一定的自由空间，让他学会自我管理与自我监督，这样孩子的能力和天赋才会被充分地发挥出来。

小月的爸爸对小月的要求很高，尤其最近一段时间，他对小月的要求越来越严格了，他每天检查小月的作业，如果发现小月有3道以上的错题，就会让她罚站1个小时。他对小月说，每次考试成绩必须要达到95分以上，如果低于这个分数，就不让小月去外面和小朋友玩耍，还不让她看电视。

为了让小月考出好成绩，爸爸除了让小月完成老师留的家庭作业外，还特意给小月准备了很多学习资料，希望小月能够巩固强化已经学过的知识。小月没有玩耍的时间，因为在空闲时间里，还要去上爸爸为她报的武术班和美术班。爸爸觉得女孩子要学会防身，还要有一项技能。而他之所以给小月报美术班，是因为自己喜欢画画，而他小时候，家里没有条件让他学画画，所以现在他要让自己的孩子有条件去学习画画，他觉得小月一定也和自己一样，很喜欢画画。

实际上，小月一点儿都不喜欢这些，她好想痛痛快快地玩一场，每天不用做那么多的作业，不去上各种兴趣班，她想轻轻松松地去考试，毫无压力地去考试，但这一切却都是想象，她觉得，在自己的童年时代，自己的这些愿望是不会实现了，就只能按照爸爸的安排去机械性地做每一件事。

在压力下成长的小月，每天都闷闷不乐，她的学习成绩也在不断地下滑。

小月的爸爸对孩子的学习很关心，但是却对小月施加了太多的压力。关于对孩子的教育，有些父母拔苗助长、急于求成，他们经常无视孩子的自尊心和心理承受能力。但是他们却往往不自知，自认为是为了孩子好。其实，家长的这种强迫只是一厢情愿，孩子并不是这样想的。权威命令式的教育，只会限制孩子自由的成长空间。要知道，孩子带着压力去做一件事，是一种非常痛苦的体验。父母要尊重孩子的兴趣爱好，尊重的前提是交流，通过交流，了解孩子喜欢什么，进而引导孩子做出正确的选择。父母切记不要一言堂，要适当听听孩子的心声，父母和孩子形成双向合力，才能最终促进孩子的健康成长。

　　小华刚出生时，爸爸妈妈就已经读了很多关于育儿的书籍。通过阅读这些书籍，他们认识到了为孩子提供自由成长空间的重要性。但小华毕竟是个男孩子，很贪玩，对待学习一点儿都不上心，每一次写作业，都要妈妈监督，可是只要是想到玩，他就来了兴趣。

妈妈知道，孩子应该有自己自由的成长空间，但也不能太放纵，于是她和小华商量，如果他每天放学能够将作业保质保量地完成，那剩下的时间就由小华自己支配。小华听妈妈这么说，非常高兴，于是第二天，就按照妈妈的要求，回到家里的第一件事，就是写作业，作业写完了之后，还主动让妈妈来检查。妈妈看到小华的作业，写得非常认真，于是就说："小华，你说话算数，妈妈也说话算数，好了，从现在开始，你的时间是自由的。"

　　妈妈的话音刚落，小华就像一阵风似的跑了出去，和小伙伴玩了起来。这一次的甜头，让小华尝到了满满的幸福感，并意识到先要完成自己应该做的事情之后才有自己的自由空时间。悟到了这个道理之后，小华之后都会先为自己安排好学习上的事，然后就可以快乐地支配自己的自由时间了。

　　小华的父母能够广泛阅读育儿书籍，这是因为他们认识到做父母还是需要学习的。小华的妈妈教会小华如何正确处理写作业和玩耍的关系，这样孩子的主动性就增强了。作为合格的父母，我们尽量要为孩子提供自由的成长空间。父母要给孩子留一些私人空间，让孩子拥有属于自己的一片天地，让孩子真切地感受到自己也是这个世界上的一个独立的个体。父母要引导孩子充分管理自己的时间，自主安排自己的事情，慢慢地，孩子就会提高自我决断能力和自我控制能力，懂得自己该干什么不该干什么。"欲速则不达"，我们在教育孩子的过程中，尽量要放缓节奏，不要急于求成，要给孩子足够的成长空间。只有在遵循孩子成长规律的基础上，家庭教育才会放射出它应有的光芒。

做以身作则的爸爸妈妈

有人说："父母是孩子的一面镜子，孩子是父母的影子。"父母的一言一行都影响着孩子，孩子的一切行动都以父母作为模仿的对象。我们给予孩子最好的教育方式，就是以身作则、言传身教。如果父母爱玩手机、生活作息不规律、背后议论别人、爱发脾气、大吼大叫、不守规则，这些坏习惯是最容易被孩子模仿到的。所以，我们父母要注意自己的言行举止，尤其是在孩子面前，因为父母是孩子最直接的学习榜样，一切的言行举止会在潜移默化中影响孩子的品格。

王倩的爸爸妈妈经营着一家小超市，他们为人勤恳，每天起早贪黑。王倩的妈妈每天都在自己的小店里忙碌着，忙前忙后整理着货架上的商品，认真地为顾客讲解着商品的用途，只要有闲暇时间，她就会辅导王倩和姐姐的作业。在王倩眼中，妈妈虽然个子矮小，但却是无所不能的超人。

　　爸爸整天也忙忙碌碌，家里的重活，全都是爸爸在做，爸爸很有担当，也很注重家庭的团结。他经常对王倩和姐姐说："以后，不管遇到什么事，你们姐妹俩都要团结，姐姐遇到了困难，妹妹要全力以赴；妹妹遇到了困难，姐姐也要全力以赴。"事实上，爸爸也是这么做的。那次姑姑生病了，爸爸拿出了家里所有的积蓄来给姑姑看病，这一切，姐妹俩都看在眼里。姑姑病好了之后，因为爸爸妈妈都很忙，王倩和姐姐就经常住在姑姑家，由姑姑来照看。

　　王倩和姐姐很懂事，也很勤快，每天放学，一回到家，她们先写作业，接着就给爸爸妈妈做饭。虽然不是很熟练，但爸爸妈妈却很感动，他们吃到女儿做的饭，心中无比欣慰。姐妹俩还会帮爸爸妈妈干活，做爸爸妈妈最好的帮手。姐妹俩的表现经常受到邻居的夸赞。每当这个时候，姐妹俩总是会说："这些都是爸爸妈妈教我们的！"

王倩的父母对工作勤劳而热忱，对亲人的困难也是倾囊相助，他们以自己的行为感染着孩子。王倩和姐姐不但在学习上做得很出色，还能帮爸爸妈妈做饭，这是父母言传身教的好结果。很多父母都不希望孩子帮父母一起干家务，实际上这是对孩子的溺爱，是伤害，而不是爱。要知道，孩子也可以是家长的好帮手，让孩子帮忙也是锻炼他的社会生活能力。父母的以身作则，就是为孩子传递正能量，父母爱看书，孩子也爱看书；父母爱运动，孩子也爱运动；父母爱帮助人，孩子也爱帮助人……父母要为孩子树立良好的榜样，孩子就会与父母一起，将正能量传递下去。

　　张力的妈妈每天上班回到家，第一件事就是拿着手机刷视频，而张力也会坐在妈妈身旁跟着一起看，对于这样的情况，妈妈并没有当回事。到后来，张力要求妈妈也为自己买一部手机，买手机的理由是，学习要查资料。

　　因为这个理由，所以妈妈为张力买了一部手机。后来妈妈发现，自从给张力买了手机之后，他放学一回到家，第一件事就是拿着手机在那里刷视频。她觉得这个问题很严重，于是就对张力提出了批评，并说："小孩子这样看手机，不仅会将眼睛看坏，还会影响自己的学习。"张力只是点了点头，不过，他只要看到妈妈拿手机，就也会学着妈妈的样子，拿着手机在那里玩。

　　妈妈一看到孩子在玩，就会不停地唠叨，但这样的教育方式一点儿用都没有，妈妈的每一次唠叨，换来的是孩子的变本加厉，她发现张力的行为越来越严重了。后来妈妈是从邻居家孩子的口中得知，张力玩手机是受妈妈的影响，孩子说："妈妈还在玩，凭什么管我呢！"

妈妈得知了张力的想法后，就不再玩手机了，而是坐在那里陪着张力写作业。慢慢地，张力也不再痴迷手机了，因为现在的他，心中得到了平衡，他觉得妈妈为自己做了好的榜样。

张力的妈妈是许多父母的典型缩影，他们总是打着为孩子好的旗号把孩子关在房间里学习后，自己却在客厅看电视，或者监督孩子写作业的时候自己在旁边玩手机。父母自己都做不到的事，怎么能去要求孩子呢？所以，父母要以身作则，要先严格要求自己，在孩子面前注意自己的言行。父母在孩子面前要表现得言行一致，如果光有言，没有行，就会让孩子产生一种叛逆情绪，父母的教育对于孩子而言，也没有一点儿信服力。有的父母，总喜欢在孩子面前讲一些大道理，但自己却没有用实际行动去感化孩子，没有为孩子做行动的榜样。这样的教育方式，不仅不奏效，还会适得其反。

孩子需要被尊重和信任的感觉

父母与孩子之间良好的亲子关系，来源于相互信任，彼此尊重。父母与孩子之间相互信任，孩子才会向父母吐露心声，在遇到困难时，才会第一时间告诉父母。家庭教育中，很重要的一点就是父母与孩子之间的相互尊重和信任。现如今，父母与孩子之间的冲突和矛盾越来越多，主要问题就在于亲子之间的沟通交流存在问题。作为父母，我们应该尊重和信任孩子，这是亲子关系和谐的前提。对于父母来说，一旦失去了孩子的信任，对孩子的正面影响力也就失去了，这会严重影响孩子人格的健全发展。所以，我们一定要与孩子建立良好的尊重与信任关系。

星期天，小宇一家吃过晚饭出去遛弯，走在路上时，他们看到了一只还没有睁开眼的小猫在那里"喵！喵！喵！"直叫，小宇动了恻隐之心，他觉得小猫好可怜，于是央求妈妈把小猫带回家。妈妈知道，小宇是一个很有爱心的孩子，于是答应了他。

回到家里，小宇先给小猫洗了个澡，因为小猫太小了，吃不了食物，于是小宇下楼来到超市给小猫买了牛奶，喂饱了小猫，并将小猫安顿好之后，自己才去睡觉。

　　小猫在小宇的照顾下，很快就长大了，小猫开始乱挠沙发，淘气地把家里弄得乱七八糟的，这让妈妈很生气。每当这时，小宇总会站出来替这个小家伙收拾"战场"，把家里收拾好。因为小猫有了独立生活的能力，妈妈要把它送到村里的姑姑家，因为那里有小院，小猫可以在院子里玩耍。小宇一听，当时就不愿意了，并极力反驳。

　　这一天，妈妈趁小宇外出和同学玩，私自做主将小猫给了姑姑。小宇回来得知了这件事后，满脸的不高兴，他大声地指责妈妈："为什么不经过我的同意，就把小猫咪送人呢？妈妈，我讨厌你！都不经过我的允许，就私自做决定，把小猫送人！"

从那以后，小宇就完全不信任妈妈了。他总是会将自己心爱的东西藏起来，日记本也上了锁，他怕妈妈看；心爱的玩具锁在自己的柜子里，他怕妈妈送人。在他的房间里，每个抽屉、每个柜子都加了锁。他也不喜欢妈妈来自己的小房间。每次妈妈进来，他都会满脸的不高兴。小宇的这些举动让妈妈很无奈，觉得小宇在小题大做。

殊不知，妈妈自以为是的行为，已经破坏了母子之间的信任，必然会在后面两人的相处过程中埋下隐患。小宇的妈妈因为小猫过于闹腾，在没经过孩子同意的情况下，将小猫送给了孩子的姑姑。之前的小宇和妈妈几乎是无话不谈，但自从妈妈偷偷送走了小猫，小宇心里便产生了很深的芥蒂，他不再对妈妈敞开心扉。作为父母，我们在做一些事的时候，要给予孩子充分的尊重，要多听取孩子的建议。如果父母不小心做了错事，要及时向孩子做出解释，并主动承认自己的错误，并保证下次不再犯类似错误，这也是对孩子的一种尊重。当然，父母要对孩子的言行给予正确的引导，孩子做得对，就要给予鼓励，根据事实给予表扬，不能夸大，更不能置之不理；如果孩子做错了，就要进行适当的批评，并提出建议，让孩子吸取教训，纠正自己的错误。这样孩子在成长的过程中才不会走那么多弯路。

小敏是一名高中生，放暑假时学校组织了一场志愿者活动，小敏因为平时在学校里表现优秀，被学校选中参加这次活动。这次活动需要小敏出远门，妈妈虽然很担心，但在女儿面前，还是给予了鼓励，她说："我相信我的女儿是最优秀的，我的女儿可以照顾好自己，一定能够完美地完成这次任务。"

妈妈对孩子的担忧是肯定存在的，但妈妈觉得孩子越来越大了，她早晚有一天会走到离父母很远的地方，独自生活，妈妈愿意给女儿尝试的机会，让孩子通过这次的锻炼，去体会生活，感知世界。

女儿走之前，妈妈在一旁看着女儿收拾行李。小敏先列好了清单，将清单的物品一个一个地都收拾好，放在行李箱里。这次，她自己在网上订了车票，在订车票之前，她先查了自己的行程路线。这一切，妈妈都看在眼里，她无比欣慰。看到小敏的规划，她放了心，觉得女儿这次一个人的"旅行"，也一定没有问题。

小敏在参加志愿者活动期间，只要有空，都会第一时间往家里打电话，和父母分享自己的体验，遇到新奇的东西，她也会分享给父母。这次的志愿者活动很快就结束了，小敏安全到家，妈妈和爸爸非常高兴，他们切切实实体会到女儿已经长大了。通过这次的历练，他们发现，女儿更加懂事了。活动结束后，小敏虽然感觉很疲惫，但却收获了成长。她非常感谢学校为自己提供的这次机会，同时她也很感谢爸爸妈妈对自己的信任，让自己独自安排这次出行，通过这次旅行，她觉得自己对未来更有信心了。

小敏参加志愿者活动，完成了没有父母的"旅行"，她的父母也认识到孩子长大了，他们彼此感受到了被尊重和信任。因此，家长在教育孩子的过程中，不要让孩子感受到自己被约束和控制，而要让他感受到父母就像自己的好朋友一样。当孩子通过父母对自己的态度体会到自己在家庭中的地位时，孩子就会更加喜欢自己的家，关心父母，并向父母敞开心扉，将自己喜欢的事分享给父母，在自己遇到挫折时，更愿意接受父母的帮助。

循循善诱的教育方法最有效

有很多父母抱怨现在的孩子越来越不听话，越来越难教育。而我们是否反思过自己在教育孩子上所表现出的急躁和粗暴？作为父母，如果我们都能像当初教孩子学步那样，循循善诱，一步一个脚印，那么，现在我们所面临的教育问题或许都能迎刃而解了。当我们和孩子在一起，一家人其乐融融时，我们一定是和颜悦色的；但当孩子不听话时，我们的声调肯定是高的，嗓门也肯定是大的。一阵暴风骤雨过后，孩子哭着耍起了小脾气，我们也板着脸，我们既没有与孩子达成一致意见，也失去了教育他的好机会。所以，我们应该准确了解孩子的心理，并能用语言循循善诱地教导他，这样才能达到教育孩子的目的。

在别人的眼中，多多是个不听话的孩子，这让他的父母也很无奈。

妈妈和爸爸对于多多的教育方式，就是不停地唠叨，灌输式地告诉多多要做个听话的孩子，但每次爸爸妈妈的唠叨，换来的总是多多变本加厉的"不听话"。

多多很淘气，总喜欢在班上搞恶作剧，每次闯了祸，班主任都会叫来多多的家长。妈妈看到多多这样，每次都会在老师面前批评多多，并告诉多多下次应该怎么做。多多当时听妈妈这么说，不停地点着头，但到头来，他还是老样子。

到最后，多多的一些不好的习惯也就习以为常，对于妈妈的唠叨，像是有了免疫似的，当时听得进去，但没过多长时间，就将妈妈的话抛到九霄云外去了。妈妈经常会和自己的同事以及邻居阿姨说，多多是个不听话的孩子，自己也教育了，但孩子怎么就是不听呢？

像多多一样淘气不听话的孩子有很多，这可能因为是家长的管教方式不对。如果是倔强的孩子不听话，要以赏识为主，多鼓励夸奖，少惩罚。父母要多表扬孩子，而且还要表扬到点上，让孩子真切地感受到自己的优点和长处。很多时候孩子是能听懂父母的话的，只不过他接受不了父母对他说话的方式。我们不要用家长的权威去攻克孩子的内心防线。在教育孩子的过程中，我们要注意拉近与孩子之间的距离，学会主动和孩子交流，接触并了解他的内心世界，这样我们说出的话孩子才会更愿意听。

小浩今年上二年级，成绩还不错，今天上课，他学了一个新词叫"拔苗助长"。小浩上课的时候并没有认真听讲，回到家里写作业时，妈妈看到小浩将"拔苗助长"写成了"拨苗助长"，妈妈为小浩纠正了一下，小浩却执意说："老师就是这样教我们的。"

　　妈妈看到小浩这么执着，于是拿出了字典，为小浩解释了这两个字的意思，同时，妈妈还让小浩做了相应的动作。她带着小浩出了家门，来到院子里，让小浩分别做着"拔草"和"拨草"的动作，小浩通过妈妈的引导，再加上自己的实践，很快就彻彻底底地理解了这两个字的意思。

来到学校里，当他看到有的同学也和自己一样写错了的时候，就立马纠正了他们的错误，还在讲台上做着动作，为大家展示了一番。

　　小浩的这种行为受到了老师的表扬，小浩说："其实，这些都是妈妈教我的，如果不是妈妈这样耐心地告诉我，恐怕我还要继续错下去呢！"通过这件事，小浩就特别信任妈妈。在学校里，小浩会向老师请教问题；回到家里，他也会向妈妈请教问题。

　　当小浩把字写错时，他的妈妈没有大吼大叫，而是耐心地引导孩子，做到了循循善诱。什么是循循善诱？首先就是以理服人，因势利导，不是棍棒教育体罚，不是大发雷霆训斥。然而，有的父母在教育孩子的时候，会劈头盖脸地打骂孩子，导致孩子的逆反心理更强；有的父母会苦口婆心地讲一堆大道理，到最后，孩子的收获只是微乎其微。当孩子做了错事时，我们不要急于指责他，正确的做法应该是先了解情况，站在孩子的立场上去分析这件事。如果孩子做得对，父母要给予支持，如果孩子做错了，家长就要引导孩子纠正错误。孩子一旦被认可，就会从内心深处放下自己的固执和偏见，心平气和地与父母交流。父母的循循善诱，就是秉持耐心，给予孩子关心与爱护，走进孩子的内心世界，让孩子展现出温柔与美好的心灵。

第四章

共同努力，陪伴孩子一起学习

父母是孩子最重要的老师。孩子的第一堂课，尤其是品德、习惯的养成课，是在家庭而非学校上的。孩子随时随地都在观察与模仿父母，父母的言谈举止、生活习惯、价值观，都是孩子学习的榜样，能够影响孩子的一生。有教育学家建议，父母应陪孩子一起学习，这样可以提高孩子的学习效率，孩子对学习的热情和积极性也会更高。比如，父母可以坐在孩子身边，和孩子一起看书，辅导孩子的作业，帮助孩子分析试卷，就像孩子在学校里和同学一起学习一样，这样，孩子学习的劲头也就更大。

陪伴而非监管

　　有的父母虽然也愿意抽出时间来陪伴孩子，但却忽略了陪伴的方式，他们看似是和孩子在一起，事实上却是在监督孩子，控制孩子的一举一动；有的父母看似在陪伴孩子，事实上却将大半的精力都放在了手机和工作上；有的父母看似在陪伴孩子，事实上却从来都不遵从孩子的想法，只让孩子做父母潜意识里认为是正确的事。父母要足够了解孩子，不要过分地陪伴。有的时候，孩子也需要有自己独立的空间；有的事情，孩子也需要依靠自身的力量来完成，这时，父母只需要给予正确、适当的指导。

　　小新今年上三年级。班里很多同学的爸爸妈妈因为工作都不能经常在他们身边，而小新每天都有父母的陪伴，这让同学们很是羡慕。在同学们眼中，小新每天都有妈妈的陪伴，妈妈陪伴他学习，陪伴他画画，准时接送他上下学。但是在小新看来，这却是一种负担，他认为妈妈的陪伴对自己是一种控制。因为他的一切，都是在妈妈的安排下完成的，让他不知道自己能做什么，很多事情他只是机械地执行妈妈的指令，自己连选择的权利都没有。

有一次，几个同学邀请小新一起到外面玩耍，正当同学们喊小新的时候，小新的妈妈却说："小新没有时间，等下他要去学画画！"小新原本是想出去玩的，听妈妈这么说，小新只能整理彩笔和画纸，"乖乖"等着妈妈陪着自己一起去学画画。小新的眼神一直都没有离开过刚刚同学们站着的地方，此时，从他的眼神中透露出了痛苦和无奈的神情。

有的时候，小新好羡慕那些每天写完了作业，就可以放飞自我，出去玩耍的小伙伴们。他听自己的好朋友经常说，他的妈妈陪自己写完作业之后，总是带他去他想去的地方，朋友还说，那是来自父母最好的陪伴。这些话让小新好生羡慕，他也想要有一个不时时刻刻监管自己的妈妈，也想让妈妈带自己去想去的地方，让妈妈陪自己玩想玩的游戏，可是，小新也只是想想，他觉得那根本就不可能……

妈妈经常陪伴小新学习、画画，还准时接送他上下学，可为什么小新却高兴不起来呢？原来小新从妈妈的陪伴中体会到了一种控制和监管。不可否认，有的父母的确花费了大量的时间去陪伴孩子，但却没有达到陪伴的效果。这些父母的陪伴，让孩子感到自己在被父母监管，这样会给孩子带来诸多不良影响。比如，这会导致孩子的专注力被打断，使孩子的注意力不集中，还会束缚孩子的创造力，让孩子缺乏独立思考的能力。此外，父母的监管还会打消孩子的积极性，导致孩子失去做事情的原动力。在父母的压迫下，孩子会认为自己做任何事情，都只是应付差事。如果父母总是以监管的方式与孩子相处，孩子会感到过于压抑，这非常不利于亲子关系的和谐。

小燕今年读六年级，当她学习的时候，爸爸妈妈从来都不打扰她。当妈妈看到小燕学累了的时候，会带着她去公园散步，有时候也会同她打打羽毛球，让她放松一下。当小燕和妈妈说约了同学，要出去玩耍时，妈妈会很痛快地答应。

不过，等到快要期末考试时，妈妈会陪着小燕学习，有时会帮着小燕查阅一些资料，有时还会在一旁鼓励小燕，让小燕加把劲儿。这个时候的小燕是最需要妈妈陪伴的，因为快要期末了，她的神经也处于紧张的状态，有了妈妈的鼓励，小燕也放松了好多。期末考试结束了，小燕考出了一个好成绩，这时候，她最想感谢的就是妈妈一直以来的陪伴。

假期里，妈妈让小燕自己规划了时间表。小燕规划了学习的时间，同时也规划了玩耍的时间，还拿给了妈妈看，妈妈赞同小燕的选择。整个假期，小燕在学习与娱乐中度过。等到开学的时候，小燕和大家分享了自己的假期生活，她觉得自己的整个假期过得很充实，这一切，都是因为有妈妈的陪伴。

小燕的妈妈对孩子的陪伴，真正做到了和孩子一起学习和努力。家长督促、监督孩子学习，不是在旁边守着、看着孩子一个人在那努力，而是放下手机拿起书陪着孩子一起学习。如果父母能和孩子一起走进书房，孩子做自己的作业，父母也在旁边要么处理工作，要么学习；遇到孩子不懂的问题，如果自己也不明白，就去和孩子一起解决它；如果孩子比家长懂得更多，家长就虚心向孩子请教，让孩子做家长的老师，那么这样一来，孩子不但巩固了所学的知识，还会激发下一步的学习动机。这样不但会降低孩子的孤独感，亲子之间还可以相互督促，相互鼓励。当变监督为陪伴时，孩子就会在成长的路上收获更多。

帮助而非代劳

在大多数父母看来，孩子永远是处于第一位的。对孩子的一切，我们都亲力亲为，事事代劳。父母对孩子的这种爱，看似很伟大，实际上很容易变成溺爱，这对于孩子的健康成长十分不利。所以，我们不要过于溺爱孩子，尽量不去做事事都代劳的父母。孩子遇见问题时，我们应鼓励他自己动脑筋、想办法解决自己的问题。孩子虽小，但远没有我们想象得那么脆弱，我们要相信孩子能把自己的事情做好。作为父母，我们要慢慢地从照顾孩子的角色中退出，只有这样才能提高孩子的独立自主能力。我们爱孩子，不是要去包办代替，而是要鼓励孩子自己的事情自己做，让孩子学会独立面对困难或挫折，这才是对孩子真正的爱。

乐乐做什么事都依赖爸爸和妈妈，她觉得爸爸妈妈可以代替自己做所有的事，自己什么都不用做。乐乐在上幼儿园之前，每次吃饭，都要妈妈喂，其实，她自己吃饭是完全没有问题的，但她却总害怕自己会把饭弄到桌子上和衣服上，因为这是妈妈告诉她的。妈妈经常对乐乐说："乐乐，吃饭的时候，不要动，妈妈来喂你，你看看你第一次吃饭的时候，弄得哪里都是，尤其是衣服，弄得脏兮兮的。"从那以后，乐乐一到吃饭的时候，就等着妈妈喂。

上幼儿园了，吃饭的时候，别的小朋友都是自己吃饭，而且他们吃得很干净，一点儿都没有弄到外面，只有乐乐，呆呆地坐在那里。老师过来教乐乐吃饭的时候，乐乐觉得很不好意思，自己拿起了小勺，弄得饭粒哪里都是。小朋友们都过来和乐乐说，要珍惜粮食，乐乐觉得面子有些挂不住了，于是乱发起了脾气。

放学后，老师向乐乐的妈妈说了这件事，妈妈却不以为然，觉得孩子还小，长大以后像吃饭这种小事，孩子自然会做好的。这之后，妈妈更是关心乐乐，每天早上起床，妈妈帮乐乐穿衣服、背书包，什么事都代替乐乐做。妈妈的这些行为，让乐乐变成了一个衣来伸手、饭来张口的"小公主"。乐乐的娇生惯养让她变得更加任性，孩子在幼儿园连一个好朋友都没有，她觉得自己好孤单。

乐乐的妈妈认为，"像吃饭这种小事"孩子长大了自然会做好的，但是这种娇生惯养却让孩子在同龄人中成了"异类"。父母关心孩子，就要从小事做起。有时候，父母过度的关心，只会让孩子错误地认为自己永远都是个孩子，甚至会产生逆反心理，永远都长不大。父母对孩子的教育要适当放手，让孩子享受成长的过程，让他从潜意识里强化"自己的事情自己做"的观念，从而培养孩子的责任感。其实，孩子遇到困难，是有能力通过自己的方式去克服的。父母要学会多观察孩子，让孩子有机会去独立思考，以此来提升他独立解决问题的能力。

暑假已接近尾声，周周所有的作业都已完成。现在，就剩下了老师留的手抄报。但是画画并不是周周擅长的，眼看着其他小朋友都把画发到了班级群里，周周急得像热锅上的蚂蚁。她实在没有办法了，就过来找妈妈帮忙。

周周对妈妈说："妈妈，老师留了手抄报，我不会画，您可以帮我画吗？"妈妈知道周周不会画画，这对于她来说，是一件很难的事，但自己又不能代替周周去做这件事。这时，妈妈灵机一动，想到了手机的小视频上有画画的教学。于是，她喊来了周周，打开小视频，和孩子一起学习了一下。母女俩看完小视频之后，妈妈问周周："周周，会了吗？"孩子点点头，并说："我可以完成，不过，我还需要妈妈的帮忙。"妈妈爽快地点了点头。

妈妈给周周买了画笔和素描纸，周周按照小视频的教学画了起来。每当周周愁眉不展时，妈妈就会指导一下，不一会儿，周周的画作就完成了。为了给这幅画搭配更好的颜色，妈妈还和周周一起涂了颜色。完成以后，周周把画发到了班级群。开学之后，周周的画作还得了奖。周周觉得特别有成就感，因为这是她在妈妈的帮助下完成的人生中的第一幅画，周周好开心。

周周不擅长画画，她的妈妈没有像别的父母那样去代劳，而是通过相关教学小视频让孩子去学习画画，并在孩子需要时给予适当的指导。作为父母，我们对孩子最好的教育方式就是"凡事不代劳"。当孩子遇到困难，需要父母的帮助时，我们可以给予正确的引导，告诉孩子应该怎么做。假如孩子自己无法克服，父母就要与孩子一起面对困难，在适当的时候给予帮助。我们还要教育孩子要勇于面对错误和困难，而非代替孩子解决这些问题。在孩子需要帮助的时候，家长应给予他心理上的支持，或者行动上的支持，但不要剥夺孩子生活或学习的自理能力。父母给予孩子的爱要适度，尽量让孩子自己去感受学习的快乐，享受生活的美好。

不要一直催催催

现代生活的快节奏，让我们每天都匆匆忙忙，对成年人是这样，对孩子亦是如此。孩子走路慢，我们会忍不住叫他"快一点儿"；孩子吃饭慢，我们会忍不住喊他"快一点儿"；孩子穿衣慢，我们会忍不住吼他"快一点儿"，等等，父母这样的急不可耐，对孩子又真的有意义吗？经常被父母催来催去的孩子，会质疑自己的生活节奏，会认为是自己出了问题，要么认同父母变成一个同样焦虑的人，要么变成一个极度拖沓的人，以这种方式表示反抗。作为父母，我们不妨放慢一些节奏去生活，去对待孩子，或许我们会有意想不到的收获。

平平的妈妈是个急性子，这天幼儿园放学时，妈妈来接平平。因为今天妈妈赶着回家完成一个视频会议，所以一直催着平平"快点儿走，妈妈要迟到了！"妈妈在前面迈着大大的步子，平平在后面一溜烟小跑。一个不小心，平平摔倒了，妈妈返回来，扶起了平平，让平平继续往前走。

"平平，快点儿了，小心一点儿，这次妈妈真的要迟到了！"平平听妈妈这么说，心里有点烦了，于是一下子甩开了妈妈的手，说："妈妈，我走不动了，我不走了！"平平因为害怕妈妈再催促自己，于是一屁股坐在了地上，捂着耳朵，不想再听妈妈唠叨。

妈妈因为要赶着去工作，不得不返回来，抱着平平回了家。在回家的路上，妈妈不停地唠叨着，平平的一双眼看着别的地方，好像没有听到似的。妈妈的唠叨，好像也没起到什么作用。第二天放学，当妈妈再次催促平平赶快走的时候，平平还像昨天似的，一屁股坐在地上，不理会妈妈。平平的表现让妈妈很是无奈，她拿这孩子实在是没有办法，于是又像昨天一样，抱着孩子回家了。

平平的妈妈一味地催促孩子，非但没有起到应有的作用，反而引起了孩子的反抗。有时，父母的催促无疑是在打乱孩子自己的节奏，父母越是催促，孩子就越慢，进而导致孩子养成了磨蹭的坏习惯。父母的唠叨，也会让孩子产生逆反心理。因此，父母要学会改变自己，放下自己的焦虑，适当放缓自己的节奏，不要因为孩子的磨蹭而去指责他，催促他，谩骂他。我们可以通过与孩子比赛的方式，来激发孩子的斗志，让孩子变得不再拖拉，最关键的是，父母要让孩子独立完成自己的事，不要因为嫌他慢而去包办代劳。

红红每天上学，都是在妈妈的催促声中起床、穿衣服、刷牙、洗脸、吃早饭的，时间一长，妈妈觉得这种方法并不奏效，因为现在红红已经养成了被妈妈催促的习惯了，妈妈觉得应该要改变自己的教育方式，不能让红红再这样继续下去。

这天，红红早上起床时，妈妈并没有催促她，只说了一句："我们要准备出发了，现在是7点。"说完，妈妈就为红红准备了早饭，并一直站着等红红，红红心想："今天怎么回事呢？妈妈并没有催促自己，自己今天会不会迟到呢？"妈妈知道，红红今天已经迟到了，但妈妈要让红红知道迟到带来的后果，因为学校里是不允许迟到的，如果学生迟到，是要罚站的，但妈妈并没有催。

红红去了学校，校门就要关了，她进入校门后，因为迟到被老师罚站。回到家之后，红红对妈妈说："妈妈，明天我要早一点儿起床，我要定一个闹铃，早点儿去学校。"

果然，到了第二天，闹铃还没有响，红红就起床了，她吃了早饭，催着妈妈赶快去学校，妈妈对红红说："不急，现在学校还没有开门呢。"红红却等不及了，她催着妈妈赶快走，因为红红怕迟到，再迟到，就又要被罚站了，她不想被老师惩罚。就这样，每天都是红红催着妈妈赶快去学校，红红再没有被妈妈催促过了。

红红的妈妈已经意识到因为自己一味地催促，孩子已经养成被催促的坏习惯，因此，她开始主动改变自己的教育方式。父母爱孩子，就要和孩子一起成长，学会教育孩子，学会改变自己。面对孩子的磨蹭，父母不应该总是催催催，首先应该引导孩子树立时间观念，让他知道时间的紧迫性与重要性。同时还要让孩子体验一下因磨蹭所带来的后果，这样他就会有紧迫感。此外，也要让孩子体会一下尽快做完事情所带来的益处。比如孩子在规定的时间内完成了自己的事，得到家长或老师的表扬，孩子就会有成就感，接下来做事就会再接再厉。父母要经常告诉孩子，做什么都要提前准备，让孩子在做任何事的时候都能迅速、果断。

保护孩子的学习兴趣

爱因斯坦说："兴趣是最好的老师。"杨振宁说："成功的秘诀在于兴趣。"不管是对孩子的个性形成，还是个人发展，兴趣都能起到促进作用。比如，兴趣能够让孩子集中精力地去获取知识，创造性地完成当前的活动，还会带动和激励其他相关方面的进步；再比如，兴趣可以提升孩子的智力，丰富孩子的知识，开阔孩子的眼界。此外，兴趣还是一种潜在的动力，可以增强孩子对环境的适应能力，这可以让孩子的生活充满阳光和快乐。

佳佳很喜欢朗读，每次老师让孩子回家阅读，她都是第一个完成这个作业。可妈妈却不这么想，妈妈觉得，大人将孩子送到学校，学校就有义务让孩子在学校里完成作业，不应该让孩子回家再朗读课文。

这天，佳佳让妈妈帮自己发个小视频到班级群，妈妈却抱怨道：

"这些都应该在学校里完成的，为什么要回家完成呢？"她虽然给佳佳拍了小视频，但却给佳佳传输了一种惰性的思维。佳佳受妈妈的影响，回家也变得不想学习了。因为妈妈曾对佳佳说过："孩子在学校里要用心学习，回到家里就放松，玩耍就可以。"慢慢地，佳佳变得不爱朗读了，也不喜欢学习了。

每天一回到家，佳佳先是打开电视，看着动画片，吃着零食，就连自己的家庭作业都不写了。这时，妈妈认识到了问题的严重性，于是劝说佳佳要先完成作业，佳佳却顶撞道："您不是对我说，回家要放松自己嘛，明天去学校里的时候，我会完成作业的。"佳佳的顶撞让妈妈无可奈何，因为这的的确确是她告诉佳佳的。

没过多久，佳佳的学习成绩开始直线下降，妈妈爸爸都很着急，但问题已经很严重了，佳佳已经养成了一种回家不学习的习惯了。每次，爸爸妈妈过来劝说佳佳，佳佳都会说："这是妈妈告诉我的。"以此来顶撞父母。佳佳的学习兴趣已经彻底被妈妈的话语所挫伤，妈妈对自己曾经说过的话无比后悔。

从前喜欢朗读的佳佳，回到家里会继续练习朗读，但妈妈的话打击了她的积极性，以至于后来她回到家连家庭作业都不想写了。孩子的学习兴趣来源于孩子的自身感知，不是父母硬塞给他的。作为父母，我们应懂得放手，鼓励孩子多去尝试，给孩子充分自由的同时，还要适时地去引导孩子，这样孩子在成长的过程中才不至于走弯路。当孩子的学习兴趣长时间稳定于某一件或某一些事情上面的时候，孩子的兴趣就发展成了爱好。有兴趣的人不会孤单，日后当孩子面对困难或挫折时，因为有兴趣做伴，他必定能坦然应对。

小闵今年上三年级，不会写作文，每次考试，语文成绩因为作文要拉好多分，这也是一直以来困扰爸爸妈妈的问题。小闵写不好作文，很大的原因就来自于他不喜欢看书，每次他的手里一拿到书就瞌睡。

爸爸妈妈也一直在观察小闵，他们觉得要想改变小闵的这一习惯，就要从自己做起，为小闵树立榜样。第二天，小闵放学回到家吃过晚饭之后，就看见爸爸妈妈一人捧着一本书，坐在沙发上看了

起来。小闵很纳闷，平时从来都不见爸爸妈妈看书，今天是怎么了呢？

　　小闵看父母在看书，不忍心去打扰，于是就拿着作业去了书房，写了起来。他写作业的时候，还听到父母在讨论书中的故事。这样连续几天之后，小闵对看书也产生了一点儿兴趣，于是这天他早早地写完作业，拿了一本书看了起来，还和爸爸妈妈也讨论了起来，三个人还讨论得不亦乐乎。

　　过了一段时间，小闵写作文有了很大的改变，妈妈看了小闵的作文后，觉得现在小闵写的作文和以前比较起来，的确变化很大，有了很大的进步，同时也受到了老师的表扬。妈妈鼓励了小闵，让他再接再厉，这样小闵也有了自信心。慢慢地，小闵喜欢上了阅读，他很享受和爸爸妈妈一起读书的时光，那真是太美妙了。

　　小闵受到父母看书学习的感染，自己也学会了看书，并且主动和父母讨论看书的心得，书看得多了，写作文自然也就有了进步。每个孩子都有适合自己的学习方法，父母要多了解孩子，从孩子的兴趣出发，因材施教，因人而异，在保持孩子学习兴趣的同时，让孩子拥有积极性，进一步提高学习兴趣，这样一来，孩子在学习上就会事半功倍。除此之外，父母还要为孩子营造良好的学习环境，分享学习的成果，让孩子真正地体会到学习的快乐。孩子学习的过程非常重要，父母要给予关注，培养孩子的自信心，多支持，多表扬，进一步激发孩子的学习兴趣。

培养孩子的学习习惯

在孩子学习的过程中，作为父母，我们一定要注意培养孩子的学习习惯。孩子一旦养成良好的学习习惯，就能建立稳定有效的学习模式，就会受益终身。习惯是一种看不见的力量，是在不知不觉当中养成的。孩子学习成绩的好与坏，不仅与他的智力有关，更重要的还是与他的学习习惯有关。所以俗话说："与其给孩子金山、银山，不如教给孩子好习惯。"因为良好的学习习惯是决定一个孩子未来成功的基础和保障。

东东刚上一年级时，妈妈就没能让东东养成一个良好的学习习惯，东东放学写作业时，妈妈一会儿喊东东给取快递，一会儿又喊东东帮自己干家务，这样东东写作业就没有了心思，慢慢地东东就养成了注意力不集中的坏习惯。每次写作业的时候，东东因为不专心，一会儿和妈妈说自己要喝水，一会儿又和妈妈说自己要上卫生间，原本半个小时能写完的作业，结果用了足足2个小时。

妈妈对东东的这种不好的学习习惯非常不满，经常向邻居抱怨，说东东写作业的时候，一会儿干这个，一会儿干那个，完全心不在焉。

邻居也给妈妈出了好多主意，有的人说让妈妈每天盯着孩子写作业；有的人说孩子写作业前，就让他把这些事都处理好，省得到时候影响作业的进度。妈妈按照大家的办法做了，但一点儿都不奏效，东东还是难以改掉这些坏习惯。

妈妈也经常教育东东，做事要专心致志，还给东东讲了《小猫钓鱼》的故事，东东当时只是点点头，表示自己不会再犯同样的错误，但过一两天，就把妈妈的话抛到九霄云外了，学习、写作业时，又回到了老样子，这让妈妈很无奈，到最后，妈妈也没有办法了。

妈妈让东东在写作业的时候去替自己买东西或者干别的事情，这是对孩子行为习惯养成的破坏，直接导致了孩子坏习惯的养成。孩子良好的学习习惯，要从小培养。父母要根据孩子的个性顺势引导，不要让大人的行为影响到孩子习惯的培养。孩子的主要任务是学习，但也不要忘记让孩子劳逸结合，多参加劳动、文娱、体育活动。父母应该引导孩子制订学习计划，合理安排自己的时间。有一部分孩子学习喜欢磨蹭，心不在焉，父母就要让孩子懂得珍惜时间，懂得学习要专心致志。孩子的求知欲较强，父母要引导孩子养成善于查阅资料的好习惯，以此来拓宽孩子的知识面，让孩子受益终身。

彤彤今年9岁，是个贪玩的孩子，每次妈妈只要喊她做作业，她就无精打采。但要是说起玩，那她可是神清气爽、精神百倍。

妈妈想让彤彤改掉这种不好的学习习惯，于是和彤彤一起制订了学习计划，因为彤彤已经是三年级的小学生了，妈妈鼓励彤彤并相信他能够为自己安排好时间。彤彤听妈妈的话，为自己制订了学习计划，说利用 45 分钟的时间学习，利用 15 分钟的时间休息，妈妈觉得这个时间非常合理。彤彤还说，每个星期和假期里，都是按照时间计划表来实施。一开始，妈妈认真观察了一段时间，每当彤彤即将放弃的时候，妈妈会适时提醒孩子。就这样，接连坚持了 3 个月，彤彤养成了良好的学习习惯。

一个好习惯一旦养成，孩子就会坚持下去，彤彤就是其他孩子学习的榜样。在这期间，她也曾想过要放弃，只因有妈妈的提醒，所以坚持了下来。

彤彤在父母的帮助下，养成了一个良好的学习习惯。凡是学习成绩稳定的孩子，从小就有良好的学习习惯。家长一定要告诉孩子，不要为了写作业而写作业，要慢慢培养孩子对学习的兴趣，让孩子感受到获取新知识的乐趣。只有当孩子自己真正爱上学习的时候，孩子才能学好。作为父母，就是想办法让孩子爱上学习，学会学习，做孩子的同行者而非监督者。父母还要培养孩子善于学习的习惯，要养成善于请教、善于思考、善于提问的好习惯，引导孩子将自己在学习中遇到的问题记录下来，以便于向父母、老师和同学请教。

用智慧引导孩子学习

作为父母，我们都知道，教育孩子是家中的大事。几乎所有的父母都有"望子成龙、望女成凤"的心理，但往往是"当局者迷"，很多父母因为选择的教育方法不得当，走入了一个又一个教育的误区。聪明的父母会用智慧引导孩子学习，用心去陪伴孩子，让努力与智慧相结合,用智慧和孩子打交道,用智慧做孩子学习上的引路人,用智慧耐心教导孩子,用智慧悉心培养孩子,让孩子感受到父母才是真正懂自己的人。

小福不喜欢学习,妈妈为了能够让他爱上学习,想尽了办法,但是到最后却还是无济于事。为了让小福能在规定的时间内完成作业,妈妈开始威胁道:"如果你再完不成作业,今天的动画片就不要再看了!"妈妈以为这么说,小福会有动力,结果孩子却在心里默默地想:"不看就不看,看你能把我怎么样?"

妈妈知道,小福是最喜欢看动画片的,她原本以为用这种方法能让小福努力学习,结果却让孩子变得越来越叛逆了。到后来,妈妈但凡在小福学习时说一些威胁的话,小福就像没听到似的,一点儿都不怕。妈妈非常生气,原本想要吓唬吓唬小福,并不是真想动手揍孩子,结果小家伙却一溜烟跑得无影无踪,去同学家玩去了,这让妈妈很是无奈。

妈妈用这种方式让小福学习,结果却适得其反,一点儿都不管用,小福在学校里的学习成绩也越来越不好了。他经常对同学说:"我妈妈说我完不成作业,她就不让我看动画片,嘿嘿,我可以去同学家看啊!根本就拦不住我!"

对于小福的顽皮,妈妈实在是没有办法,她不知道该怎么教育孩子,又该如何让孩子爱上学习。

小福的妈妈威胁孩子说，如果完不成作业，就别想看动画片。其实写作业与看动画片两者并不矛盾，许多父母都会遇到类似问题，只是有的父母用比较智慧的方式解决了这个问题。父母要用智慧引导孩子学习，首先要用自己的喜悦之心，去培养孩子学习的灵气。喜悦之心就是一看见孩子就开心，而不是像有的家长所说的那样，一看见孩子就发愁。那是因为家长看到的只是学习，只是孩子的缺点，并没有真正地看到孩子的全部。父母在孩子面前一定要保持一个乐观、豁达的心态，这样培养出来的孩子才是乐观的，孩子在学习中遇到困难时，也才会以乐观的心境去面对，去克服。

小海上小学之前，觉得爸爸妈妈很厉害，因为他们懂得很多，所以，他很佩服他们，做什么事都依赖于他们，他们也觉得很自豪。小海上小学之后，觉得老师很厉害，因为老师懂得要比爸爸妈妈更多。他每天放学回到家之后，总是对爸爸妈妈说："我在学校里学习的知识，爸爸妈妈都不会，怎么办？"爸爸妈妈听小海这么说，觉得应该努力提升自己，多帮助孩子。于是，他们开始和孩子一起学习了起来，这样，小海在学习上有什么不懂的，他们就可以帮助孩子了。

在小海上小学的时候，爸爸妈妈一直在学习。他们不仅关心小海的学习，还关注小海的心理，他们经常和小海谈心，认真观察孩子的一举一动，知道孩子心之所想。小海也很愿意将自己学习上遇到的难题告诉爸爸妈妈，爸爸妈妈会引导孩子，让孩子克服困难。小海上了初中之后，一下子就变得不喜欢与父母交流了，因为他觉得爸爸妈妈和自己产生了代沟，他们根本就不懂得自己学习的需求。就在小海萌生这种想法的时候，爸爸妈妈也在悄悄地学习着，他们在学习有关这个年龄段孩子的心理知识，学习教育的方式方法，学习着父母应该如何引导孩子正确学习。

　　父母的进步与改变，让小海非常吃惊又很惊喜，因为正处于青春期的小海，能够感受到来自父母的爱，他们依然用自己能够接受的方式引导着自己学习，小海依然愿意将自己学习中遇到的难题告诉父母，他会听取父母的建议，也会说出自己的建议给爸爸妈妈听。在小海成长的过程中，父母在不断地学习着，让自己的思想与孩子保持一致，在孩子成长与学习的道路上与孩子结伴而行。

从小学到初中，小海的父母都能坚持和孩子一起学习。这样的父母就是孩子最好的榜样，孩子也会有样学样，变得热爱学习。父母用智慧引导孩子学习，就要言传身教、潜移默化地影响孩子，为孩子营造良好的学习环境，让孩子拥有良好的学习氛围。同时，父母要学会和孩子一起成长。时光在流逝，社会在进步，父母也要不断地学习，努力提升自己，要与时俱进，这样才能和孩子有共同的语言，才能够与孩子保持同步。父母要多与孩子相处，认真观察，揣摩孩子的心思，要做懂孩子的父母，在适当的时候给予教育，这样才有足够的智慧来指引孩子、帮助孩子，更好地陪伴孩子。

第五章

积极引导，让孩子学会与人沟通

孩子在成长和学习的阶段，提高社交和与人沟通的能力也是必不可少的竞争素质。良好的沟通能力可以提高孩子的自信心，帮助孩子更好地与身边的朋友、亲人交流，帮助孩子与他人互动时建立良好的人际关系。父母应当积极引导，让孩子学会与人沟通，这不仅有助于他的生活和学习，也有助于培养他的高情商。从小培养孩子与人沟通的意识，增强孩子与人沟通的能力，对孩子性格的塑造、人格的培养乃至将来的发展都起着非常重要的作用。

鼓励孩子大胆表达

很多父母总是羡慕"别人家的孩子"，看着别人家的孩子大大方方地在台上讲话，将自己的想法很好地表达出来，成为聚光灯下的焦点，心中就不免有些失落：为何自己的孩子看到人就羞怯或是害怕，不要说站在台上侃侃而谈了，就是见到陌生人说句话都张不开嘴。其实孩子之所以有这样的表现，也与家长平时的教育有着直接的关系。孩子的表达能力是需要锻炼的，家长只有在平时的生活中多鼓励孩子勇敢地表达自己的想法，孩子才能变得敢说、会说，成为一个能说会道的孩子。

小明今年 7 岁了，是一名一年级的学生。他却从来不敢在人群中发言。在学校每次老师让他发言的时候，他便结结巴巴地说不出话来。其实，小明自己也很想大大方方地讲话，他很羡慕那些可以在讲台上大胆讲话的小朋友。

有一次，正在上语文课，老师喊了小明起来回答问题，小明站起来后感觉大脑一片空白，一时间怎么都想不起来该说些什么了。他很窘迫，觉得自己简直太笨了。他想要找个地缝钻进去，最后他竟然急得哭了起来。

　　针对小明存在的问题，老师同小明的妈妈进行了交流，希望家长可以配合老师帮小明改善这种不善表达的状况。妈妈也意识到了这个问题，小明是应该好好锻炼一下自己的表达能力了。

　　后来在课堂上，老师总会隔三岔五地喊小明回答问题，一开始小明的回答总是磕磕巴巴，后来慢慢就好了很多。老师手边有什么事情的时候，也会喊小明过来帮忙，比如帮忙去喊谁过来，帮忙去通知同学们开会时间，帮忙去办公室找哪一个老师拿东西之类的。通过这样的锻炼，小明变了很多，他可以恰当地表达出自己的意思了。

而与此同时，父母也不再以生意忙为由让小明一个人在家了，而是抽出了更多时间带他到人多的地方玩，像游乐场、体育广场等，而且也鼓励小明自己走出家，找小区里的同龄人一起玩。过了一段时间，小明的性格变得开朗了许多，也不像从前那么羞涩了。

　　小明在老师和父母的帮助下，终于有勇气在别人面前积极表达出自己的想法。孩子如果不能在众人面前表达出自己的想法，这对他的生活和学习都将造成很大的影响。作为父母，如果自家孩子不善言辞，我们不能放任不管，我们要鼓励孩子，给他创造表达的机会，让他将自己的观点表达出来，还要鼓励他学会与人沟通。如果发现孩子在我们的帮助下，能够积极主动地与他人沟通了，一定要对他及时地进行奖励，这样就能够很好地"刺激"孩子，让他产生与他人交往的勇气和动力。

　　小韵是一名初二的学生，是一个不大爱说话的孩子。她也想参与别人热闹的讨论，但是却不知道该怎么参与其中。父母为此忧心不已。

　　这一次，学校要举办以"青春·梦想"为主题的演讲赛，老师鼓励大家踊跃报名。小韵的同桌要报名，她还询问小韵要不要也报名。小韵想了想说道："算了，我还是不报名了，你知道的，我面对那么多人去演讲会紧张的。"同桌说："可是你只要多锻炼一下就不会紧张了啊，凡事总有第一次啊。"但是小韵还是婉言谢绝了同桌的好意。

　　小韵回家以后，妈妈看到她郁郁不乐的样子，连忙询问她："孩子，你这是怎么了啊？难道是受了什么委屈吗？"一开始的时候，小韵不愿意说什么，直到妈妈追问，才吞吞吐吐地说了出来："我们学校要举办演讲赛，我很想参加，但是又不敢参加。"妈妈问她为什么不敢，她说站在那么多人面前讲话，实在很考验勇气。

　　妈妈说："孩子，妈妈建议你去试试，我们先不去想事情的结果如何，也不要去想到最后会不会拿奖，我们就当是锻炼一下自己，重在参与嘛！"小韵还有些犹豫。妈妈鼓励她说："你没问题的，你给老师发微信，说你要报名。"最终小韵还是在妈妈的鼓励下报了名。

　　小韵的妈妈鼓励她参加演讲赛，让孩子不用在意结果，重在参与，这在一定程度上可以消除孩子的紧张感。如果孩子拥有较强的口语表达能力，就可以很顺畅地表达出自己的观点，与别人进行无障碍的沟通，这无疑对孩子的生活和学习都有很大帮助。这样，孩子就可以适应任何场合，无论是面对课堂上老师的临时提问，还是在学校的演讲台上，或者是讨论临时起意的什么话题，都可以应对自如。因此，家长要鼓励孩子积极表达，让孩子成为一个会与人沟通的人。在茶余饭后，在家务劳动中，都可以有意识地选择不同的话题引导孩子说话。

尊重孩子是沟通的前提

作为父母，我们都知道在与别人相处的过程中，要懂得尊重别人。但我们往往忽略了，孩子对于我们来说也是一个独立的个体，他同样需要我们的尊重。父母都是爱孩子的，但并不是所有的父母都懂得尊重自己的孩子。对孩子有求必应式的溺爱，并不是尊重。优秀的父母不会用自己头脑中的那些条条框框作为尺子去衡量孩子，而是从孩子的实际出发，尊重他的想法，尊重他的选择。当孩子与我们分享他的小欢喜或是小悲伤的时候，我们尽量要认真地倾听，如果我们心不在焉，孩子会认为父母不尊重他，他的内心会很受伤。长此以往，孩子便不愿意与父母进行沟通了。

小芳今年上四年级了，她是一个很漂亮、很可爱的小女孩。

这一天，她放学后扑到了妈妈的怀中，叽叽喳喳地与母亲说起了学校的事情："妈妈，我今天被老师批评了。""妈妈，我在体育课上摔了一跤。""妈妈，我的同桌将我的书撕烂了。"小芳说了很多，但是始终没有得到妈妈的回应，一看妈妈又在玩手机。小芳当场便发作了："妈妈，我在跟你说话啊，你可不可以不要玩手机呢？"

刚开始的时候，妈妈沉迷在游戏当中，甚至都没有听清小芳说了什么，她也没有及时回应孩子的问题。小芳看到妈妈没有搭理她，她哭着跑开了，妈妈这才着急了，赶紧追上了她，对她吼道："小芳，你瞎跑什么？你不看马路上那么多车啊？"小芳说："我说话的时候，你都不认真听，你一点儿也不尊重我。哼！我再也不要与你说话了！"

　　原本小芳的妈妈觉得这只是一个小插曲，小芳过后就不生气了，但是好几个月过去了，小芳再也没有叽叽喳喳地跟她说在学校的快乐与悲伤，即使是她追问，小芳也是敷衍了事。小芳的妈妈觉得很难受，她向小芳的爸爸说起这件事的时候，小芳的爸爸也没有站在她这边，他说："我觉得女儿说得没错啊，你想想，当你在跟我说你们公司的一些鸡毛蒜皮的小事时，我有没有不耐烦听？我有没有让你感觉到在与空气说话？"

　　小芳的妈妈一想也是，看来她的确得跟小芳的爸爸学一下，在孩子与自己说话的时候，她要尊重孩子，尊重的方式就是倾听。

　　小芳跟妈妈诉说自己在学校的那些小烦恼，但妈妈却没有倾听和回应，这让她感到妈妈对她的不尊重。任何一个人都希望别人尊重自己，孩子也是一样，这样他才会愿意与你去沟通。孩子从父母这里获得了尊重，他才能懂得尊重是一种可贵的品德，他才能够健康而快乐地成长，也才会学着去尊重别人。尊重别人是沟通的前提，但是尊重并非无条件地顺从，也不是无限地放纵，而是一种平等的对话。只有尊重对方，对方才会愿意全心全意地与你进行交流。

小叶是一个活泼、开朗、善解人意的孩子，她可以与身边人很好地相处，大家都很羡慕这样的她。

有一次，小叶妈妈的朋友结婚，小叶也跟着去了。现场很多人，大人们都忙着交际，小孩子们自成一堆，小叶也与他们一起玩。刚开始的时候，那些孩子有些排外，小叶只是跟着在旁边呐喊助威。

过了一会儿，一个小男孩和一个小女孩摔在了地上，原来是几个孩子打闹时没注意。一个大人过来赶紧将小女孩扶了起来，查看她有没有受伤，而那个小男孩则无人问津，原因是他平时太调皮了，连他的妈妈都不想听他狡辩的话语。

这时，小叶走了过去，将小男孩扶了起来，问他受伤没有，还问他需不需要去诊所。这时小男孩感受到了久违的尊重，他忍不住哭了起来，他的心中暖洋洋的。之后，这个小男孩就一直跟着小叶，还将他的好朋友介绍给了小叶，而小叶也与他们一起玩，当她说出什么建议的时候，这帮在大人眼中的刺儿头也很愿意听她的话。

从那以后，他们建立了深厚的友谊，这些小朋友们经常给她打电话、发信息。

小叶帮助的这个小男孩，因为平时比较调皮，连他的妈妈都不愿关心他。男孩的妈妈就这么放弃了和孩子沟通交流的好机会。如果那位妈妈能像小叶一样对自己的孩子伸出援助之手，那么她就会发现，孩子其实还是挺愿意听妈妈的话的。因此，父母跟孩子相处时，不要拿出家长的权威高高在上，要尊重孩子的独立人格，还要给他一些空间，要让他自主选择。父母要尊重孩子的兴趣，要跟孩子之间建立良好的沟通，不能置之不理，更不能放任自流。只有这样，父母与孩子之间的沟通才能顺畅起来。

善于倾听孩子的讲话

当别人在讲话时，要认真地倾听，而不是不停地打断对方，或者漫不经心地想别的事情，抑或是抢着说自己的意见。换位思考，如果你是那个讲话的人，遇到这样的情况，你还有心情继续说下去吗？同样的道理，当孩子满心欢喜地与你说话的时候，你一定不要漫不经心，你要暂时放下手中的事情，认真地听孩子讲话，并根据孩子的需要给出你的意见和帮助，让他感受到你的重视和关心，只有这样，孩子才愿意与你交流，告诉你他的小心思，从而建立和谐的亲子关系。

小丰今年 7 岁了，是一个一年级的小学生。他是一个小话痨，每天都有说不完的话，好像什么事都能引起他的兴趣，都想发表一下自己的想法。

开学了，早晨，爸爸妈妈开开心心地将他送到学校。下午，他们接孩子的时候，班主任老师就叫住了小丰的父母。老师说道："小丰妈妈，今天上课的时候，老师在讲台讲课，小丰却在下面与周围的同学说话，也不知道在说些什么，这样肯定会影响听课效果，希望你们家长好好跟他说一下，上课的时候一定要认真听讲。"小丰的妈妈连连答应。

等到回家后，小丰的妈妈并没有直接批评孩子今天在学校的表现，而是对小丰说："儿子，今天在学校过得怎么样？跟妈妈讲讲你今天都做什么了呀？"

听妈妈这样问，本来就已经藏了一肚子话的小丰跟妈妈说了起来，他今天交了好几个新朋友，上了好几节课，他们在课间还玩了好几个游戏，同时小丰也没有隐瞒自己在课堂上说话的事情，在他看来这好像并不是个问题。

妈妈没有打断孩子的话，而是耐心地听小丰讲述他在学校的经历。直到小丰将自己心中的话都说出来之后，妈妈才说道："妈妈真羡慕你，宝贝交到了那么多好朋友。看着你在学校开心，妈妈就放心了。不过你知道吗？孩子，课堂是有纪律的，在家里或者下课的时候，你可以畅所欲言，但是在课堂上一定要听老师讲课，不能随便说话，那样会打扰到其他同学，同时也是对老师的不尊重。妈妈觉得小丰这么懂事，应该知道什么时候能说话，什么时候不能说话的，对吧？"

听了妈妈的话，小丰不好意思地说："妈妈，我知道了，以后我上课除了回答问题外，再也不随便说话了。"看着懂事的儿子，妈妈欣慰地笑了。

小丰的妈妈在听孩子讲话时，并没有因为他在学校的表现而急着责备他，而是耐心地听孩子把话讲完，然后通过沟通告诉孩子应该怎么做。通过这样温和、平等而又有耐心的沟通，家长很容易赢得孩子的认同，从而能够轻松解决孩子所存在的问题，帮助孩子学会遵守课堂纪律。善于倾听的人总是很容易获得别人的好感，他们会让别人感到尊重和认可，从而让彼此的交流更顺畅。所以当别人在讲话时，我们要专注地、耐心地倾听。同时也要教会孩子怎样去倾听别人讲话，让孩子成为一个受欢迎的人。

小洁今年上五年级了，她有很多好朋友，同学们都愿意与她交往，原因在于她很善于倾听别人说话。新学期，班上转来一个新同学。那个新同学有些腼腆，都过去好几天了，跟同学们还是很陌生，同学们不跟他玩，他也不跟同学们说话。

这一天，小洁看到那个新来的同学在操场上一个人坐着，他看上去好像哭过的样子。小洁想了想，就走了过去，她问道："你怎么了？可以与我说说吗？"那个新同学似乎是找到了一个发泄的端口，于是将心中的烦恼一股脑儿地都说了出来，他说今天早上他的爸爸妈妈又吵架了，他当时很无助，很害怕，他不知道该怎么办，他很不理解大人的世界。

小洁一直认真倾听，她没有打断对方的倾诉。新同学直到觉得自己说得差不多了，心情也好了很多以后，才抬头看着这个倾听他说话的同学，他觉得小洁很亲切，让他不由自主地会将心里话说出来。

又过了几天，那个新同学来找小洁，并且还给她带了一个可爱的钥匙扣。他说："那天多谢你没有打断我说话，我说了那么多，你不觉得无聊吗？"小洁说道："不会啊！我觉得我们可以成为朋友的，不是吗？"那个新同学有些局促地连忙回复道："是的，是的，没错，我们是朋友了。"小洁说："嗯，你以后有什么想说的也可以来找我，你可以把我当成好朋友。"那个新同学开心地说："嗯，你可是我在这里交的第一个朋友呢。"

其实，面对腼腆的新同学，小洁当时并没有说什么，她只是认真地倾听了对方的烦恼，而这个同学也并不是要听她的回答，或是从她这里获得什么帮助，他只是需要有一个人能够认真倾听一下自己的心声。由此可见，善于倾听别人的话语，是一种礼貌、一种尊重，也是一种好的品质。也正因为这样，大家才乐于跟小洁做朋友，大家都认为与小洁在一起很轻松，很开心。很多时候，我们的耳朵也比嘴巴重要得多，学会倾听，是一种能力，更是一种修养。各位父母尽量要教会孩子倾听别人说话，这样才会让孩子更受欢迎。

教育孩子用礼貌的话语与人交流

中国有句俗语："良言一句三冬暖，恶语伤人六月寒。"这是说我们在与人交往时要懂礼貌，讲礼仪。每个人都渴求别人的尊重和赞赏，于是就需要礼貌。礼貌使有礼貌的人喜悦，也使那些被以礼相待的人喜悦。试想，假如你与人说话的时候，对方眼睛看向别处，或是对你敷衍了事，甚至是直言苛责，你是否会觉得这人没有礼貌，不给别人面子？你是否还会再与他进行更深入的交流？所以说，在与人交流的时候，要有礼貌的仪态举止。

小路今年9岁，就要放暑假了，妈妈由于工作忙，打算将他送回老家，跟爷爷奶奶生活一段时间。刚开始的时候，小路不愿意去，但无奈还是在妈妈的督促下去了爷爷奶奶家。

妈妈觉得有老人照顾孩子，她可以无后顾之忧，能够安心工作了，于是便回城里上班去了。

　　过了半个月，一个周末，妈妈拎了东西来看孩子，还没进院门，远远地就听到了自家孩子在骂人，那些话实在是有些难听。她连忙紧走几步，这才看到小路将一个小女孩骂哭了。她连忙喝止了自己的儿子，询问他怎么回事，怎么还学会骂人了。小路不服气地说："我奶奶平时就是这么骂人的，我觉得奶奶很厉害。"小路的妈妈这才知道了事情的缘由。她说："无论如何，你骂人都是不对的，以后绝对不可以再骂人了。"

小路被妈妈训斥了，很不开心，嚷嚷道："我奶奶说我做得对，到外面不能被别人欺负。"小路的妈妈听了非常生气。她一边教育着自己的孩子，一边过去安慰起了小女孩。不过小女孩还是在哭个不停，小路妈妈拿出了一个漂亮的棒棒糖送给小女孩，说她替小路给小女孩赔礼道歉。

小女孩想了想说道："阿姨，谢谢你给我糖果。"小路的妈妈看着懂事的小女孩，再看看自己的熊孩子，说道："小路，你过来，快点给小妹妹道歉。"而小路则哭着跑去找他奶奶了。

小路的奶奶没有意识到自己骂人的坏习惯，无形中已经影响到了小路的健康成长。作为父母，我们应该告诉孩子不要说脏话，给他讲讲"君子不失口于人"的道理，让他明白讲礼貌有助于他的社交活动，会让别人对他产生好感。在成长过程中的孩子，是非观念的确立需要家长正确的引导。一旦引导不好，孩子就会养成各种恶习，从而对孩子今后的人生造成严重的负面影响。

小白今年10岁了，她在妈妈的教育下，长成了一个十分懂礼貌的孩子。那天，正在小区里玩耍的小白遇到了妈妈的一位朋友，这位阿姨看到小白，问道："小白，这大中午的不热吗？你怎么不回家午休一会儿？"

小白看到阿姨问她话，赶紧跑过来说："谢谢阿姨的关心，我这就回去。"阿姨说："我正要去找你妈妈，要不你跟我一块儿回吧。"

听了阿姨的话，小白很高兴地答应了。

刚刚要进楼道，小白不小心撞上了正要出门的一位阿姨，小白连忙道歉。那位阿姨忙说没事，并嘱咐小白别着急，慢一点儿，别磕碰着。

等到了小白家，趁妈妈跟阿姨说话的工夫，小白赶紧给阿姨倒了一杯水，接着放到阿姨的面前，还拿了家里的果盘来招待阿姨。阿姨一个劲儿地跟小白妈妈夸小白真是一个懂礼貌的好孩子。

小白如此懂礼貌，离不开她父母的用心教导。在人与人之间的交往中，礼貌礼仪是一种行为规范，也是一种涵养，而礼貌用语就像是你的名片，是他人对你的第一印象，它可以拉近你与他人的距离，让你们的关系更进一步。所以父母要教会孩子多用"请""谢谢""抱歉""打扰了"之类的礼貌用语，让他明白懂礼貌是一种美德。这样的行为习惯养成后，也会为孩子今后步入社会打下坚实的基础，让孩子成为一个受欢迎的人。

教育孩子与人交流应配合合理的肢体语言

人与人之间的交流，除了语言交流以外，还有肢体语言，如我们高兴时会手舞足蹈，生气时会跺脚，难受时会呆呆地看向窗外。

肢体语言是我们表达自己想法和观点的重要方式，它们能够形象地向别人展示我们心中的想法，会让别人更好地了解我们想要表达的意思。家长也要教会孩子适当地学会运用肢体语言，让孩子与人交流起来更加顺畅，从而提高沟通效率。

小清今年上四年级，是一个乐观热情的孩子，常常用自己乐观的情绪感染他人，调动气氛，是人群里的开心果。

有一次小清参加校园演讲赛，她的题目是有关春天的主题。她演讲的时候，不只语言感情充沛，而且还在演讲高潮处配合了肢体语言，使得她的演讲激昂澎湃。大家都很喜欢她的演讲，最终她也拿到了比赛的第一名。

小清很开心，这种开心持续到了她回家。当她到家的时候，她的爸爸妈妈还没有回来，她便想着给爸妈做晚饭吃。她一边做饭一边哼着歌，这时妈妈回来了，问她怎么这么高兴。小清反问妈妈怎么知道自己高兴了？妈妈笑着说一看小清扭来扭去的动作就知道她心里乐开花了。小清见妈妈已经看出了自己心中的快乐，就开心地将自己的奖杯拿了出来，与妈妈分享了自己的快乐。

还有一次，学校组织孩子们郊游。晚上回来后小清兴奋地向爸爸妈妈讲她今天的见闻。只见小清一本正经地站在客厅中央，给爸爸妈妈讲述他们今天的行程。

"我们今天坐的汽车那么长，顶爸爸的五辆汽车那么大吧。"小清一边说，一边比画着，极力伸直自己的胳膊，想要把旅游大巴的长度真实还原在爸爸妈妈面前，而她努力伸长胳膊的动作也让爸爸妈妈忍俊不禁。每讲到一处景点，小清都要用双手比画着景色的样子。在小清情绪的调动下，爸爸妈妈仿佛也置身于小清郊游时所处的环境中，能够清晰地感受到女儿当时的快乐。

其实这就是小清跟别人讲话时的风格，她总是附带一些肢体动作，让人能够更真切地感受到她的情绪，并被她的情绪所感染。大家也喜欢小清的这种表达方式，都愿意与她交流。小清被称为班里的"交际小达人"，得到了同学和老师的夸赞和喜欢。

小清无论是参加演讲还是讲述旅游见闻，都恰到好处地运用了肢体语言，从而增强了表达效果。的确，肢体语言有时候要比语言表达得更直接、更形象，更容易得到别人的认可和好感。当孩子与别人沟通时，适当的肢体语言，如在打招呼时握手，在说话时看着对方的眼睛，在坐下时端正坐姿，代表了他看待这件事的态度，传达出一些语言无法传达的深意。

小钟一直是个乖巧听话的孩子，就是学习成绩一直提不上去。妈妈在家里总是唠叨他，让他一定要用功学习，不要只想着玩。其实小钟自己也想学好，看到其他同学考高分得到家长和老师的表扬，他内心深处也好羡慕。

单元测验的时候，小钟作弊被抓了。老师将他叫到办公室里，问他为什么要作弊。这是一种非常不好的行为。小钟深深地低下了头，看着小钟的反应，老师心一下软了。他知道小钟是个老实孩子，平时不调皮不捣乱，上课也努力跟着老师的节奏走。这次作弊，肯定是有他的苦衷了，要不这么听话的孩子，不可能做这样的傻事。

"把头抬起来，小钟，告诉老师你是怎么想的。"

"老师，我作弊不对，我不好意思看您，希望您能原谅我。"

"老师可以原谅你，但老师想知道你为什么作弊。"

"妈妈每天都唠叨我，我考不出好成绩，她就不停地说，没完没了地说，我快要被烦死了。我也想考好成绩，我也努力了，但总是考不好，一考试，想起妈妈唠叨我，我就心烦意乱。为了让妈妈闭嘴，所以我就……"小钟一边说，一边不由自主地搓着手，一副不知所措的样子。

"好的，老师知道了，这次的事情老师可以当作咱们之间的秘密，坚决不允许有下一次，知道吗？"

小钟抬起头，眼泪汪汪地看着老师，抬起手，用力地擦了一下眼泪，郑重地点点头，说道："谢谢老师，我知道错了，我以后一定加倍努力，不辜负老师的信任。"

老师拍拍小钟的肩膀说道："妈妈希望你学好肯定是对你好，你要正确面对，不要有思想负担，要找对学习的方法。老师相信你下次考试一定能取得进步，去吧，学习去吧。"

小钟破涕为笑，开心地回到了教室。

在小钟与老师的沟通过程中，虽然他的肢体语言都是下意识的动作，但老师由此知道了小钟对这件事的态度，并且了解了小钟的苦衷。针对小钟的特殊情况，老师没有就事论事地批评小钟，而是耐心地开导小钟，用自己的方法引导小钟正确面对父母的期望，学会学习。可以说，小钟的肢体语言帮助他获得了老师的理解，并且获得了老师的帮助。在一些场合，一些有意或无意的肢体语言在沟通中会发挥很重要的作用。孩子在与人交流时，如果能够搭配适当的肢体语言，对于清晰表达自己的观点是非常有帮助的。

教育孩子批评别人要含蓄委婉

俗话说："人非圣贤，孰能无过？"这是说我们每个人都会犯错，而面对这些错误的时候，有的人眼中容不得沙子，说话尖酸刻薄，自以为站在道德的制高点，直截了当地批评别人；甚至有的父母打着为孩子好的旗号，在众人面前批评孩子，不但难以起到教育孩子的效果，反而会让孩子生起怨恨之心。因此，如果孩子犯错了，含蓄委婉的引导教育很重要。父母说话婉转、和气，就不会伤感情。

小强今年10岁了，比较调皮捣蛋，贪玩，这让妈妈非常头疼。这天，小强带着几个小伙伴在家里玩。妈妈回来的时候，发现早晨刚刚收拾干净的家已经混乱不堪。最让妈妈生气的是，卧室里妈妈叠得整整齐齐的被子被小强领着小朋友在床上跳来跳去弄得歪歪斜斜，地上也散落着乱七八糟的东西。

气愤到极点的妈妈对小强大加斥责，而正玩到兴头上的小朋友们看到小强的妈妈生气了，都面带惊恐，迅速出门跑了。小强面对妈妈的怒火，不但不承认自己的错误，反而埋怨妈妈在自己的小伙伴面前不给自己留面子，说妈妈一点儿也不好。

　　母子二人的关系闹得很僵，妈妈不但没有教育到孩子，反而窝了一肚子火，她一边收拾小强造成的烂摊子，一边默默地抹眼泪。

　　客观来讲，小强的行为肯定是不对的，他应该被教育、被批评。但妈妈的做法不但没能教育孩子，反而激起了孩子的逆反心理，让孩子更加地不听话。所以当孩子犯了错误的时候，家长应当批评，但是批评也是要讲究方式、方法的，既要让他认识到自己的错误，也要注意不要伤了他的自尊心。要学会用委婉的方式提出批评，让孩子真正认识到自己的错误，他才会改正自己的缺点，不断进步。

小红今年上初二了，是一个很敏感、自尊心很强的女孩。周末妈妈来学校接小红回家的时候，无意间看到小红跟一位男同学关系亲密，妈妈怀疑小红早恋了。这是个非常严重的问题，必须引起重视。回到家里，妈妈并没有直接询问小红是否早恋，而是坐下来跟孩子聊天，询问孩子在学校有什么新闻。

　　已经进入青春期的小红虽然不愿意跟妈妈多说自己在学校的事情，但看妈妈如此热情地跟自己聊天，也就放下了抵触心理，将学校一些有趣的事情跟妈妈分享。在聊天的过程中妈妈也将自己上学时的一些趣事讲给小红听，母女二人聊得很开心。

　　期间谈到男女感情问题，妈妈就说："妈妈像你这么大的时候，班里有几位同学偷偷地谈恋爱，不过遗憾的是，他们最后的结局都不是很理想。想想如果当时他们把相互的爱意珍藏在心中，等年纪再大一些的时候再在一起，没准最终他们还真的能在一起呢。"

　　听了妈妈的话，小红若有所思地点点头，勉强冲妈妈笑笑，然后回自己屋去了。

　　小红的妈妈，如果在看到小红跟男同学交往的现场就批评孩子，非但起不到教育的效果，反而会激起孩子的反感心理。孩子也许没有早恋，在妈妈的训斥下反而去早恋了。因此，引导孩子纠正错误一定要讲究方式方法，要在尊重孩子的前提下引导孩子，让他真正认识到自己的错误。而含蓄委婉的批评，是家长与孩子交流的正确方式，我们在与孩子交流沟通当中一定要注意使用这一方法。

第六章

谨言慎行，别让语言暴力伤害孩子

我们在很多地方会遭遇到语言攻击，我们也可能用语言伤害别人。这种攻击形成的伤痕不会留在身体上，却会留在心灵上，甚至久久不愈。而最容易遭到语言暴力的就是我们的孩子。或许是脾气使然，又或者是气不过，我们有时会对孩子说出一些伤人的话。可我们不知道，这些出口的话，就像一把把刀子，无形地扎在孩子的心口上，留下的伤口可能这辈子都没法愈合。所以，父母在教育孩子的过程中一定要谨言慎行，切不可恶语相向，也不要让孩子生活在否定当中。

语言暴力留下的阴影会伤害孩子一生

我们以为打孩子才会伤害孩子，却不知道语言上的伤害，同样会在孩子身上留下深刻的烙印。要命的是，这种言语上的伤害，在我们的日常教养中大量存在，且旷日持久地重复发生着。比如"你可真笨啊，我怎么会生出你这样的孩子""你是我从垃圾桶捡来的""你不要哭了，再哭我就再也不管你了""这个孩子从小就是个坏孩子"等等，诸如此类的讽刺、挖苦的话语，大人可能随口一说，但是却在孩子的内心深处留下伤痕，成为他心中挥之不去的阴影，影响他一生的成长。

小甜今年上初三了，她从小成绩很好，但是她却很自卑，很没有自信。每次她取得了什么成绩，都会怀疑这是不是真的，完全没有一个中学生该有的意气风发和自信。而造成这样结果的原因，就是因为父母从小对小甜不合适的教育所造成的。

她很小的时候，父母就不断地拿她与别人比较："你看邻居家小丽，人家这次考试是全校第一，你再看看你，学习比不上，其他方面也比不上，算了，算了，我们对你也不抱什么期望了。"每当父母说这种话的时候，小甜都会陷入深深的自我怀疑当中：我是不被期望的，我比不上别人。

小甜就是在父母的否定中长大的，在这样的否定当中，小甜的性格变得敏感、脆弱、自卑，她将自己缩在角落里，远离学校的各种活动，也远离别人对她的友好。她将自己包了一层坚硬的壳，将自己与外界隔离开来。

有一年，小甜与同学产生了矛盾，那个同学将她的课本撕烂了，她也悄悄地忍了，没有告诉父母，因为她知道父母不会为自己出头，她就是父母眼中的失败者，她不想面对父母那样的眼神。

小甜从来没有得到父母的表扬，也没有被认真肯定过，她原本应该是一个活泼开朗的女孩，去勇敢地追逐自己的梦想，但是却由于自卑和胆怯而退缩了，退到了大众眼中的安全线以外，因而她是不开心的。由此可见，父母的语言暴力就像是一把尖刀，扎在孩子的心口上，哪怕没有产生直接的肉体伤害，但是却始终如影随形地伴随着他，在他人生的十字路口，这种伤害就会站出来左右他的人生。

小江的父母由于工作忙，很少照顾孩子，小江从小跟着奶奶长大，直到要上小学了，他才被父母接回了身边。奶奶告诉小江的父母，小江天天跟着一群熊孩子到处瞎玩，学习也不好，他就是一个坏孩子。

奶奶还说，有一次她就说了他一句，然后他就跑到一块玉米地里藏了起来，她找了他一天，他才自己出来。奶奶还说无论她说些什么都教不好他，让爸爸妈妈严加管教他。小江的父母相信了小江奶奶的话，认为小江就是一个教不好的坏孩子，但是他们作为父母也不能不管自己的孩子，于是他们将小江接回了家，送孩子去学校读书。

　　开学第一天，小江的爸爸对老师说："李老师，以后我家这熊孩子就交给您了，反正他总是调皮捣蛋，您以后多费心了。"哪知老师笑了笑，说："小江，你不是坏孩子，是不是？老师相信你也是一个好孩子，你只是还没有找到自己的目标罢了。"小江诧异地看了看老师，心中升起一种莫名的感动。这是第一次有人如此评价自己，信任和认可自己，小江看着老师，使劲地点了点头。他从这位老师身上看到了包容、温暖和亲切。

在老师的悉心教导下，小江成为班里品学兼优的学生，因为他觉得老师如此信任自己，自己一定不要辜负老师的期望。而对于父母，他却感觉很陌生、很疏远，因为他们一直都不相信自己，认为自己是个坏孩子。

小江对自己的父母很失望，因为他们不相信自己，但老师相信自己，他为了不让老师失望就改掉了坏孩子的习性，成为一名品学兼优的好孩子。由此可见，信任和认可对孩子的影响很大。温柔的语言可以给孩子带来安慰，粗暴的语言可能会给孩子带来毁灭，所以父母一定要注意自己的言辞，不要说一些污秽的言语，不要伤害孩子。要避免使用语言暴力，父母首先要控制自己的情绪，接纳孩子的不足，肯定和鼓励孩子的优点，还要给孩子知错就改的机会。

语言暴力会扼杀孩子对生活的向往

语言是沟通的桥梁，但不要让你的话语，成为一种语言暴力。也许在成年人看来很多话无关痛痒，或者并没那么严重，但却真的会伤害到对自我认识不清晰、内心较敏感的孩子。语言暴力会给孩子的心灵带来巨大伤害，也会打消他前进的动力。长时间的语言暴力，让孩子每天生活在自我否定当中，对自己充满了怀疑，它让孩子迷失了方向，对未来没有了期待，也根本不渴望未来的生活，从而失去了大好前程。很多孩子一旦被语言暴力所伤害，便生活在无限的灰暗当中，再也看不到光亮，甚至会做出一些极端的事情。

小琳是一名初三学生，最近她迷上了手机游戏，几乎每天将所有的时间都用在了玩游戏上面，将学习和作业都抛到了脑后。这一天，眼看就要到半夜 12 点了，可是小琳还是拿着手机在玩游戏，妈妈看她那个样子十分生气，硬是从她手里抢出了手机，然后扔出了窗户外面，并且责骂她："你看看你，马上就要中考了，学习跟不上，天天沉迷游戏，我怎么生了你这样的孩子？老天爷真是瞎了眼！"

小琳遇到这种情形，又听到妈妈这样说，便摔门跑出了家门，她一时间也不知道要去哪里，于是一个人在大街上徘徊。幸亏在道路上巡查的民警发现了小琳，才将她平安送回了家，并且批评小琳的父母这样做太不安全了，大半夜的，一个女孩子独自在路上是很危险的。

　　其实，小琳的爸爸妈妈在小琳跑出去后就意识到了问题的严重性，已经在小区周围找了她很久。妈妈也反思自己的话，知道自己说的话太重了，伤害到了孩子，当时自己由于十分生气，而导致自己口不择言，使用了语言暴力，因而没有顾及孩子的自尊心。

　　后来，虽然小琳的妈妈也尽力挽回她和孩子之间的关系，她向小琳道了歉，但是当时妈妈的话依然让小琳记忆犹新，每当夜深人静时，那句"我怎么生了你这样的孩子？"的话总是会盘旋在小琳的脑海中。每当有人问她的理想时，她总是会想起这句话，瞬间她的所有热情便都沉寂了下去。

　　像小琳这样的青少年，他们的心理承受能力还比较脆弱，父母一番责骂的话语，就可能成为他们心中挥之不去的伤痛。因此，父母在培养孩子的过程中，一定要顾及孩子的自尊心，注意自己的说话方式，不要因为自己的口不择言而让孩子受到伤害。要知道，一个经常遭受语言暴力的孩子，与一个从来没有受过语言暴力，且经常得到鼓励的孩子，他们对未来的期盼是不一样的，前者会自卑与畏缩，后者则会勇往直前，成为更优秀的自己。

小阳今年上初三了，正是青春年少且叛逆的时候。最近，小阳由于学习压力大而导致了厌学，经常逃课，跑出学校，到网吧玩游戏，直到妈妈接到了老师的电话，说最近一段时间小阳学习成绩下滑非常严重，而且经常逃课去打游戏，老师让小阳的父母多监督孩子。

　　小阳的妈妈对此十分气愤，特别想将他揪过来教育一顿，然后再揍一顿，但是她也知道，这样是解决不了任何问题的，所以她在与孩子交流的时候便特别注意说话的方式方法。她去网吧找到了小阳，当时并没有说孩子，也没有问他缘由，只是将他领回了家。

　　妈妈告诉小阳，他未来想做什么，想要成为怎样的人，这都需要小阳自己去思考，自己去努力，他们作为父母替代不了他的人生。小阳看着妈妈的表情，感到了深深的愧疚。从此以后，小阳又开始用功学习起功课来。

　　试想，倘若当时小阳的妈妈一气之下打了他、骂了他，用语言暴力伤害了孩子，那肯定是另外一番局面了。在教育孩子时，特别是面对青春期和叛逆期的孩子，父母一定不要使用语言暴力，一定要顾及孩子的自尊心，这样才会让孩子保持积极的心态，同时也保持对未来的期待和对理想的追求。孩子是父母的心肝宝贝，而保护他不受语言暴力的侵害，这是每一对父母都应当做到的事情。

语言暴力会摧毁孩子的自信

很多父母由于对孩子期望过高，在学习上对孩子有很多要求，就连生活中的小事也不放过，但是当孩子没有达到父母的期望或者要求时，父母可能就会说一些冷言冷语，来刺激孩子。父母自认为这样的激将法有用，但是对于孩子来说，只会起到反作用，只会让他变得越来越笨。父母的语言暴力，会摧毁孩子的自信，也有可能会摧毁孩子的天分和个性，所以父母要注意语言暴力对孩子的影响。

小美今年 8 岁了，她看上去稳重、懂事，但其实很多时候却是自卑、懦弱，缺乏自信。小美之所以变成这样，要从她小时候说起。

小美 5 岁的时候，每天蹦蹦跳跳，爬上爬下，无所畏惧地探索着世界。有一天，小美爬到了衣柜里，将妈妈的衣服全部弄了下来，然后搭了厚厚的一层，自己躺在上面睡着了。等到妈妈回来后，发现现场一片狼藉，马上便将孩子揪了出来，并发起了脾气，说道："你看看你，你这都做了些什么？我是不是告诉过你，你不可以来柜子里瞎玩？你要再来就不是好孩子了，妈妈就不爱你了。"小美的妈妈也不知道孩子听懂了没有，便自顾自地忙起了自己的事，只留下了小美在那里啜泣着。但是自从那之后，小美再也没有爬过柜子了，妈妈也为此窃喜不已。

小美6岁的时候，有一天，她跑出了院门，想要去外面玩耍，结果被妈妈发现了。妈妈先是揍了她一顿，然后教训道："你瞎跑什么啊？你知不知道外面有多危险？你自己跑出去，万一被坏人盯上了，你就再也看不到妈妈了！这后果很严重！你记住了，你再跑出去，妈妈就不爱你了。"小美幼小的心灵被妈妈给吓住了，那之后她再也没有自己跑出去了。

逐渐地，妈妈发现小美有什么事情都要事先来询问一番，让她去做些什么，她也总是不相信自己能够做好。

由于妈妈不经意间说出的冷言冷语，让小美幼小的心灵受到了伤害，她慢慢地变得胆怯、自卑。妈妈的发脾气、吓唬都是语言暴力，让孩子变得没有主见，人云亦云。孩子做错事是需要改正的，但是用语言暴力不是教育孩子的正确方法。孩子的成长需要来自老师或父母的赞扬，哪怕只是一个鼓励的眼神，孩子也会从中汲取力量，从而让自己做得更好。

小浩今年10岁了，他由于患有先天性唇腭裂，虽然经过医生手术，但他还是很自卑。小时候他都不敢迈出家门，没有勇气去承受别人投射到他身上异样的眼光。即使出门，他也都是低着头走路，

害怕与人说话。

　　有一次，老师在课堂上提问，小浩刚站起来，便浑身颤抖不已，连话都说不清楚，看起来十分木讷。老师说："你得相信自己，老师相信你是最棒的。"小浩嘴巴张了张，但是他并没有发出声音来。之后，老师联系了小浩的母亲，将小浩的情况告诉了家长，说小浩不够自信，会影响孩子的成长，家长要帮孩子树立自信心。

　　为了帮助小浩获得自信，妈妈想出了一个办法。她从鲜花市场批发进来一些鲜花，让小浩去街上卖花。妈妈告诉小浩，他是最勇敢的，一定可以的，相信自己，自己不比任何人差。小浩鼓足勇气拦下路人，向人们推销自己的鲜花。很快，他卖出了一朵花。接着，卖出了两朵，又卖出了三朵……事情进展得很顺利，小浩克服了自己的心理障碍，将所有的鲜花都卖了出去。

从那以后，小浩变得自信起来，他不再纠结自己的身体缺陷，反而开始可以正常与人交流了。

小浩的妈妈让孩子通过向路人卖花的方式帮助他树立自信，卖花是其次，关键是让孩子敢于与人交流。在交流的过程中，孩子会发现自己并不比别人差，从而增强了自信心。父母要想帮孩子建立自信，首先是要无条件地去爱他，无论他是什么样的，父母都要让他知道他是父母的宝贝。当孩子知道自己被爱，知道自己的价值所在，他便会无所畏惧，勇往直前。其次，父母要尊重和相信孩子，尊重他所做的一切，鼓励他相信自己，让他无论什么时候都对自己充满信心。

父母的语言暴力刺伤了孩子的心灵

父母是与孩子接触时间最长的人，很多时候父母不经意间的一句话，如"我不要你了""我没有你这样的孩子""你是个坏孩子""如果没有你，我的生活肯定是另一番模样"等等，虽然这些话父母想都不想便脱口而出，但是对孩子心灵的伤害却是巨大的。有些话在孩子内心深处烙下深深的伤疤，很多孩子终其一生都在"疗伤"。

许多话，我们自认为是无心的随口而出，但对孩子的伤害却是直抵灵魂深处的，这一点是需要我们特别注意的。

　　小芽今年5岁了，是个长得很漂亮的女孩子。她从小跟着妈妈长大，因为她的爸爸一直在外地打工，她已经很久没有见过爸爸了。

　　最近妈妈和爸爸因为一些事情闹矛盾，两个人的关系很僵。小芽想爸爸了，她问妈妈爸爸什么时候回来。但妈妈却告诉她，爸爸今年不回家了。小芽连忙问为什么，妈妈告诉她爸爸不要她了，因为她是多余的。

　　小芽听了妈妈的话以后非常伤心，她觉得自己就像是孤单飞着的小鸟，茫然不知所措。她后来偷偷用妈妈的手机给爸爸打了电话，但是电话没有接通，于是她相信了妈妈的话。她听外面的孩子说，没有爸爸的孩子是野孩子，现在爸爸不要她了，她也成了一个野孩子。

　　之后，在很长的一段时间里，她都沉浸在这种悲伤中，直到妈妈发现孩子行为异常，经过追问，这才明白了症结所在。虽然妈妈向小芽道了歉，并说自己当时只是生爸爸的气随口一说，让小芽不要当真，但是小芽的心中却总也过不去这个坎，以至于今后每当出现什么事情的时候，她总是告诉自己，自己是不被人接受的，自己是多余的那个。

　　她总是小心翼翼地面对外界的一切，这也养成了她自卑、自闭的性格。她的童年在不安和恐惧中度过，她担心有一天爸爸真的不要自己了，那自己就真的成了小朋友们口中的"野孩子"了。

小芽的妈妈因为跟孩子爸爸闹矛盾，就随口说了爸爸不要孩子之类的话。妈妈可能说的是气话，但却对孩子造成了严重的心理伤害。在与孩子相处的过程中，父母说话尽量不要无所顾忌，很多时候你认为是无心的话，却能给孩子的心灵造成很大的伤害，很多话听起来好像无关痛痒，但在孩子心中却是沉重的压力。在和孩子对话时，父母一定要控制自己的情绪，不要说一些伤害他心灵的话语，因为说者无心，但是听者可能有意。这些话语可能会给孩子的灵魂留下印记，让他一生都困在其中绕不出来，而且孩子也可能在这种语言暴力下变得异常自卑、敏感、多疑，从而影响他们的健康成长。

　　小亮今年上初三了，马上面临着升学考试，他的压力越来越大。最近他却沉迷武侠小说不能自拔，他是早也看、晚也看，上课也看、下课也看，成绩直线下滑。老师看着不像话，就找了小亮的父母。小亮的父母天天忙着工作，也没太关注自己的孩子，这次老师的谈话才让他们有所了解。

　　小亮的爸爸是一个急性子，没等到回家，便跑到教室里，找到儿子，对儿子吼道："你居然还在看武侠小说，你也不看看现在是什么时候了！你以为自己看武侠小说就真的能够成为大侠了？你也就是武侠当中的败类！"小亮也不说话，就那么看着父亲，但是他血红的眼睛代表了他不满的心情。

　　小亮在同学们面前失了面子，他的自尊心没有了。他跑出了校门，

不知道该跑向哪里，最后来到了网吧。他坐在那里，在父亲的恨铁不成钢的气愤中幻灭了自己的武侠梦。他内心有深深的负罪感，觉得一想到武侠世界，一想到文学创作，就是一种罪孽，对不起父母，对不起老师，对不起全世界。小亮心中刚刚萌芽的文学梦彻底破碎了。

小亮沉迷武侠小说，也许有自己的武侠梦和文学梦，但是却影响了学习，因此才惹得父亲大动肝火。作为父母，或许我们会认为吼骂自己的孩子也是理所应当的，不然孩子根本就管不住。但事实上语言暴力对孩子的伤害是很深的，这样做不但达不到教育的目的，反而会形成反作用。这些语言暴力毁掉的也许是孩子最初的梦想，是孩子对人生的憧憬和向往，更是直接毁掉了孩子未来积极向上的原动力，更严重者会让孩子成为没有理想和抱负的庸碌之人。

父母的否定会让孩子自暴自弃

一些父母，即使孩子已经做得很好了，他们还是习惯性地去否定孩子所做的一切。他们试图以这样的方式，让孩子越挫越勇，成为更优秀的人，但是这种方式是不可取的。试想，当孩子在某方面取得了一些成绩，他兴冲冲地来到了你面前，睁着亮晶晶的眼睛看着你，想要从你这里得到鼓励或是表扬时，可你却给了他否定，他会怎样呢？你的否定会让他十分难过，甚至是对自我产生深深的怀疑，最后他自己没有了信心，便开始自暴自弃起来。

小明是一名初中生。终于放暑假了，经过一个学期辛苦的学习，他很想放松一下，于是便约了好朋友一起去爬山。期间，他们谈论起自己的理想，但是小明对此没有特别清晰的概念。

他们来到了一处天然风景区，当走到半山腰的时候，看见一个人突然晕倒了，这可把他们吓了一跳。就在大家都在着急要打120时，这时一个人站了出来，他说他是医生，说完便上去做了紧急救护措施。当120赶到的时候，那位晕倒的人已经清醒了，120的救护人员也说，幸亏紧急救护措施得当，否则等他们赶到时再抢救就晚了。

小明觉得当时救人的医生，身上似乎有一圈光晕，简直是太帅了，他以后也想要成为这样的人。等到小明回家跟父母说起这件事时，小明的妈妈马上来了一句："你没事吧？儿子，咱还是算了吧，你这样的性子不适合做医生。你要真做了医生，你肯定会受不了的。"

妈妈的话语就像是一盆凉水，将他学医的热情彻底浇灭了，后来他再也没有提过将来做医生的豪言壮语。他只是按部就班地学习，那就是听从父母的安排，父母让学习他就学习，但是他也不知道学习的动力在哪里。

小明看到医生在危急之时抢救了病人，他便对医生职业充满了崇拜和向往，然而妈妈却对他的这一想法泼了一盆冷水。生活中有很多像小明这样的例子，他们的想法被父母无情地否定了，这便给了他们消极的心理暗示，让他们觉得自己不行、不够好、不够优秀、不够懂事，这非常不利于他们的生活和学习，甚至是整个人生。因此，父母要注意自己的言行举止，当孩子需要家长的认可与肯定的时候，我们一定不要吝于对他进行夸赞。

小彩是一个爱笑的小女孩，她一笑，眼睛亮晶晶的，像是满天的星光，美极了。她的家庭生长环境很好，父母都是老师，性格和善，和蔼可亲，懂得尊重孩子的意见。她的童年没有其他孩子的那些烦恼，过得很幸福，她的父母给了她很多鼓励和支持。

小彩还记得，小的时候爸爸妈妈从来没有否定过她，她想要做些什么的时候,爸爸妈妈总是鼓励她努力去做,还会给出合理的建议。爸爸妈妈非常尊重小彩的想法,即使他们有自己的看法,也会与小彩沟通交流,通过交流双方取得一致意见。她整个人在父母的肯定中健康成长着。

有一天,小彩告诉妈妈,她将来要做一名宇航员,她要去看看更广阔的星辰大海。妈妈没有否定她,而是帮她找来了很多有关宇宙的绘本,让她更多地了解一些航天知识。等到小彩上了初中,小彩的梦想依然没有变,她的父母没有说她的梦想不切实际,也没有说什么"女孩子应当有一份安稳的工作"之类的话,而是告诉她有梦想就是最好的。

正是因为有父母的肯定,小彩一直品学兼优,做事有想法、有创造力。小彩每天神采奕奕，她的每一天都在为自己的梦想而努力着。她是家长们眼中"别人家的孩子"，是其他父母都羡慕的宝贝。

小彩的健康成长，与父母的尊重、鼓励和支持是分不开的，这也让我们明白父母的肯定对孩子来说是多么重要。正是有了父母强有力的支持，她才可以毫无顾忌地为实现自己的梦想而努力。现实中有很多像小彩这样幸运的孩子，但也有很多在父母否定当中成长的孩子。其中有的孩子干脆自暴自弃，野蛮生长；有的孩子终其一生都在努力，他们想要听到父母夸他一句，从父母那里获得一句肯定，但却一直未能如愿。哪怕他们后来已经很成功，但是他们心中还是有着深深的自卑感。

父母恶语相向会让孩子懦弱自卑

孩子调皮捣蛋，这在生活中是很常见的事，偶尔犯个错误也是可以理解的。但很多父母无法容忍孩子的错误，一旦发现孩子犯了错，就会恶语相向，劈头盖脸骂孩子一顿，美其名曰让孩子长个记性。殊不知这样做严重伤害了孩子的自尊，打击了孩子的自信心，让孩子的性格变得越来越懦弱、自卑，这将极其不利于孩子的健康成长。

小梦今年 7 岁了，刚上小学。一天，小梦的姑姑带着她的儿子来小梦家里做客。大人在那里做晚饭，妈妈让小梦招待好弟弟。不一会儿，从房间里便传来弟弟的哭闹声。妈妈和姑姑赶紧来到了他们那里，并询问是怎么回事。

　　弟弟磕磕巴巴地说："我姐不让我玩那个卡车玩具。"妈妈一看是这样的问题，便先责怪道："你让弟弟玩一玩。"但是小梦就是抱着不撒手，妈妈强硬地从她手里抢走了玩具，冲她吼道："你是姐姐，让弟弟玩一下怎么了？""你上幼儿园的时候，老师就教你分享了，你怎么现在还没有学会？你这孩子怎么这么自私？"

小梦十分生气地跑回了房间，而且还把门给锁上了。当时妈妈也没当一回事，于是自顾自地去继续做饭了。而此时小梦在房间里十分生气，那是她最喜欢的玩具，等一会儿弟弟玩完以后肯定就坏掉了。没错，弟弟是一个"破坏分子"，无论什么玩具到了他的手上，最终都逃不过坏掉的结局。小梦缩在墙角，越想越难受，便哭了起来，然后哭着哭着便睡着了。

　　小梦被妈妈逼迫与弟弟分享自己的玩具，因为内心的不情愿，便被妈妈严厉训斥，她的心中自然是非常难受和委屈的。与人分享是美德，我们从小便被教育要懂得分享。但是对于孩子来说，分享一定要建立在孩子自愿的基础上。他的东西要他自己说了算。倘若强逼孩子去分享，那么孩子的心灵可能会受伤，他也可能会变得懦弱、自卑。这样，长此以往，还会破坏亲子间的和谐，还很有可能让孩子产生逆反心理，相信这并不是我们父母所愿意看到的。

　　小力已经7岁了，马上要上小学了，但他还是不敢踏出家门。妈妈觉得这样会让孩子养成懦弱的性子，于是逼着他晚上出门去小区超市帮忙买酱油。

　　小力告诉妈妈他怕黑，但是妈妈却说："你是一个男子汉，不能胆小。"于是小力硬着头皮往前走，他先是听到了前面好像有什么脚步声，心想会不会是奥特曼里的怪兽，便害怕得不敢走了，直到没有声音了才继续走；过一会儿，他看到前面有一些影子，就想到了电影中更可怕的东西，吓得再也不敢走了。他想哭也不敢哭，感觉害怕极了，就缩在楼梯角落里，上不得，下不得，只能闭着眼睛坐在那里。

妈妈见小力下去一段时间了还不回来，就出来找他。出门不久就看到了躲在墙角瑟瑟发抖的小力。看着孩子这副模样，妈妈很生气，指着小力说："你说你能做什么？让你买个东西都不敢去，你还能干什么？我看你也不会有什么出息了。"

本来就已经紧张到极点的小力，被妈妈一顿数落，心中更加难受了。后来，小力变得越来越没有主见，变得懦弱和自卑，学习中是这样，生活中也是这样。对那天的恐惧，以及妈妈对自己的评价，他一直无法释怀，他觉得自己就是个懦夫、胆小鬼。

相信生活中像小力的妈妈这样教育孩子的父母有很多。父母总是打着为孩子好的旗号，去逼迫孩子做很多他们不愿意的事情。如果孩子不愿意去做，或者做了但没有达到家长的要求，他们就会对孩子恶语相向，打击孩子。结果是孩子非但没有进步，反而会变得更加没有自信，甚至变得懦弱、自卑。所以，父母一定不要去说一些伤害孩子的话，拿"胆小鬼""自私鬼""废物"这种标签去贴给孩子。作为父母，我们要明白，孩子需要父母的鼓励，这样他的内心才会充满继续前行的动力和勇气。

第七章

合理疏导，帮孩子学会管理情绪

美国著名心理学教授丹尼尔·戈尔曼曾说过："一个人在社会上要获得成功，起主要作用的不是智力因素而是情绪智能，前者因素只占20%，而后者占80%。"现代父母对孩子的教育不仅仅是知识的学习和兴趣的培养，还要教会孩子去管理情绪。如果孩子的负面情绪得不到疏解就会对他的学习和身心健康造成严重的影响。对于孩子的负面情绪，父母要学会疏导和安慰，让孩子感受到父母的关爱，努力从负面情绪中走出来。父母要站在孩子的角度考虑问题，感受孩子内心的波动，教会孩子正确应对情绪的变化，努力去掌控情绪。

让孩子认识和控制情绪

孩子高兴了会笑，难过了会哭，愤怒时会喊叫，他们会通过各种方式表达出自己的情绪来。因为孩子还小，他控制情绪的能力相对较弱，所以，他们发脾气、哭闹都是很正常的。但闹情绪并不利于孩子身心的健康成长。因此，作为父母，我们应当有意识地去引导孩子"控制情绪"，这样遇到挫折他才会调整自己的心态，才不会逃避。"控制情绪"会直接影响到孩子的人生，因此"控制情绪"就是父母给予孩子在人生成长道路上的最好的照明灯。

小港今年上初二了，正是叛逆的时候，做任何事情都随着自己的性子，与同学相处也是高兴了就一起踢球，不高兴了就要打架。

这一天，小港的同桌心情不好，一到班上，便将书包往桌子上一扔。但是这一扔，不小心扔到了小港的胳膊上。小港感到了疼痛，他当场就发作了，先是问对方怎么回事，但是同桌的心情不好，没好气地说不用他管。小港觉得这人不识好歹，便说对方有病，哪知道对方却说他有病。

这下子两人从动嘴一下子升级到了动手，你打我一拳，我踢你一脚，不一会儿，两人脸上就挂了彩，身上也有青紫，但是两人还是要继续打。直到老师出现才彻底将这两人分开，只是两人依然心中不忿，一副摩拳擦掌的样子。老师询问他们是怎么回事，但是两人也没说出个所以然来，无非就是一些鸡毛蒜皮的小事。

还有一次，小港走在放学的路上，看到有几个社会上的混混围住了班上的几个女生。他想也没想就冲了上去，结果被人家围殴了。还好被路过的警察看到，这才将他解救了出来，但是小港由于受伤严重也躺进了医院。

爸爸来医院照顾他，对他说："你这次的行为爸爸很欣慰，我儿子拥有正义感，看到同学受欺负能够挺身而出。连警察同志都夸你勇敢，否则那几个女孩子会受到伤害的。但同时我也希望我的儿子在勇猛之外能够多一些冷静和慎重，遇到事情能够控制好情绪，选择最好的方式来应对，不要冲动，要控制好自己的情绪，这样才能处理好你遇到的事情。"

小港听了爸爸的话，若有所思地点点头，下决心要好好管理自己的情绪，不能一遇到事情就冲动，像这次见义勇为的事情自己下次遇到还是会挺身而出，但如果有更好的办法，尽量避免以身犯险；而像与同学打架这种事情，因为控制不好情绪而产生没必要的冲突就更要尽力避免了。

小港与同学发生口角打架，替女同学解围被围殴，前者是一时冲动，后者是见义勇为。可见情绪有好有坏，是可以控制的。孩子若想要控制好自己的情绪，做一个高情商的孩子，那便一定要深刻认识自己的情绪，这样他在感受到自己情绪出现波动的时候，才可以控制好自己。在这一点上，父母在其中的作用不言而喻，父母首先要控制好自己的情绪，做孩子的榜样，通过自己的身体力行，帮助孩子做自己情绪的主人。

　　小灵是个急性子，无论做什么，都是风风火火，而且爱着急，遇到事就爱生气。但她的爸爸妈妈却脾气温和，基本上很少发脾气，所以在生活中他们总是想办法改变小灵爱着急的毛病。

　　有一次，小灵与班上一个男孩起了冲突，原因是那个男孩将她最心爱的书包弄脏了，小灵很生气，于是没有控制住自己的暴躁脾气，将对方的书包扔到了洗手池里，结果双方的战火一再升级，最后两人动起手来了。老师知道这件事后，喊来了双方的家长。

　　那个男孩子的父亲知道了事情的经过，便诚恳地向小灵和他父亲道了歉，说这是他们家孩子先挑起的，他们应该道歉；而小灵的父母也说自己的孩子也有责任，两家很和气地解决了这次冲突。

回到家后，小灵的爸爸妈妈告诉她，遇事不能冲动，不能让不良情绪控制自己的行为，凡事要三思而后行。面对爸爸妈妈的教诲，小灵不服气地说道："是他先把我的书包弄脏的。"小灵的父亲说："那么你给我说一下当时的情况。"小灵娓娓道来。

看着小灵的反驳，爸爸妈妈也不生气，认真地听小灵说完自己的理由，让小灵心中的负面情绪发泄出来。然后他们告诉小灵，当有了愤怒或是暴躁等各种情绪后，可以缓上3秒钟再做决定。这样可以缓解自己的情绪，让自己冷静下来，以便做出正确的决定。

小灵急性子爱生气，脾气有点暴躁，父母也在耐心地帮她疏导情绪。父母可以通过训练来帮助孩子认识自己的情绪，帮助他提高自己的认知能力。父母可以找机会倾听孩子的烦恼，让他把胸中郁积的负面情绪全部发泄出来。很多时候如果孩子把话说出来，他的内心就会释然很多。也可以让孩子刻意地延迟情绪的爆发，不要冲动，冷静下来后再做决定，不要让情绪绑架了孩子，否则孩子就很难心平气和地与别人进行沟通。

带孩子感受美好的事物

世界很大，我们不否认有阴暗的东西存在，但相信这个世界上绝大多数东西还是美好的。想要让孩子学会管理自己的情绪，减少孩子负面情绪的产生，我们可以多带孩子感受这个世界上美好的事物，开阔孩子的胸襟，让孩子感受世间的美好，化解他的负面情绪，享受开心快乐的生活。父母可以通过带孩子外出散心、参加运动、参观博物馆等方式来帮助孩子调整情绪。

小风今年刚升入一年级，他是一个安静且害羞的小男孩，也没有什么朋友。最近，小风更加安静了，也更加沉默了，甚至看上去有些抑郁。老师了解情况之后才发现，原来是小风的父母最近天天吵架，从而影响了小风的性子。

老师及时地联系了小风的父母，跟他们说起了小风现在的情况。老师告诉他们，孩子现在还做不到对自己情绪的收放自如，父母作为离孩子最近的人，不能给他传播负面情绪，这样并不利于他的成长。

听了老师的话，小风的爸爸妈妈才注意到孩子最近情绪确实不大对劲，看来大人之间的争吵已经严重影响到了孩子的情绪，对孩子造成了不好的影响。有了这样的教训，小风的爸爸妈妈不再吵架了，本来两人之间也没有什么大的矛盾，都是一些生活中鸡毛蒜皮的小事。

他们努力给小风营造一个温馨的家庭环境。周末的时候他们会一起带着小风到野外郊游。看着大自然的美景，小风的情绪慢慢好了起来，脸上的笑容也多了。看着爸爸妈妈互相关心，他心中的恐惧感也减轻了，最起码他不用再担心爸爸妈妈去离婚而不要自己了。

小风的父母将自己的负面情绪带给了孩子，导致小风的情绪低落，甚至产生抑郁。但家庭环境变好后，父母带他去感受大自然的美好，小风的情绪才慢慢得以转变。往往家长带给孩子的是什么，孩子就会受相应的影响或是变成什么样。因此，作为父母，我们要努力带给孩子积极向上的情绪，带孩子去感受美好的事物。生活中有许许多多美好的东西，哪怕是一片树叶、一棵小草，孩子都可以从中感受到生活的美好。

小雨是一个乖巧的姑娘，她性格好，开朗、活泼、稳重，学习成绩也好，最关键的是，小雨总是积极乐观，与同学友好相处。

有一次，学校开家长会，老师又一次夸赞了小雨，表扬了她在学习成绩上的进一步提高。周围的人纷纷向小雨的妈妈投来羡慕的眼神，他们开始议论纷纷——"小雨妈妈，你们家小雨可真让人羡慕，你都是怎么培养的呢？""小雨妈妈，你跟我们分享一下育儿经吧。""小雨妈妈……"而小雨的妈妈很谦虚地说道:"大家的孩子都很可爱。我感觉我们也没怎么培养孩子。这么些年来,我总结了一下,就是我和小雨的爸爸从来没有在她面前闹过矛盾,而且我们还专门空出了时间,每周带孩子去享受一下亲子时光。"

这时,其他家长又议论开了,有的说不知道跟孩子做些什么,有的说哪有时间去享受亲子时光呢?这时,小雨的妈妈说:"比如跟孩子一起读书,带孩子摘蘑菇,带孩子一起出去散步……这些很平常的亲子时光对孩子来说都会是一次特别美好的经历。"

家长们听后,都觉得小雨的妈妈讲得有道理。孩子就像一棵幼苗,而美好的事物就像是养分和水,给孩子看的美好事物多了,孩子自然就会有一个好性格,被积极乐观的正面情绪所环绕。

小雨的妈妈利用亲子时光带孩子去感受生活中的美好和欢乐,这对塑造孩子良好的性格很有帮助。经常让孩子感受美好的事物,体验各种美好的感觉,会让孩子身心都受到熏陶,使孩子拥有良好的个性,滋生出好的性情。为此,父母可以带孩子去大自然中,感受大自然的神奇;带孩子经历一段旅程,感悟旅行中的浪漫;带孩子一起踢足球,让孩子在运动中感受生活的快乐;带孩子一起营造温馨的家庭氛围,让孩子感受家庭的温暖,这些都有助于培养孩子的良好情绪。

教孩子排解心中的忧愁

有一种情绪叫作忧愁，谁说"少年不识愁滋味"，孩子同样也会有各种各样的忧愁和烦恼，这是孩子成长过程中必然要面对的。随着孩子逐渐长大，学习压力、社交挫折、情感困惑等烦恼接踵而至，如果孩子不懂得如何排解心中的忧愁，那么就会被各种坏情绪所包围，进而影响他的健康成长。因此，父母要教会孩子如何排解心中的忧愁，如何从坏情绪中解脱出来，轻装上阵，快乐成长。

小刚今年上初二了，正是青春花样年华。他是一个十分阳光的大男孩，每天没心没肺、嘻嘻哈哈地生活着。

最近，小刚的脸上笑容不在，每天唉声叹气，很明显，他心中有了烦恼的事情。爸爸关心地询问儿子发生了什么事情。一开始他并不想说，但是在爸爸的热情询问下，小刚终于放下了自己的戒备心，向爸爸道出了实情。原来是小刚最近跟同桌闹别扭了，这段时间，两人心中都不舒服。

事情是这样的。那一天，他上完体育课回来，不小心将水杯里的水洒在了同桌的书上。他很委屈地跟爸爸说："我又不是故意的，但是他却不搭理我了。"他停顿了一下又说道："这几天他不与我说话，我觉得周围的空气都凝滞了，很不开心。"爸爸问他："那你将人家的书弄湿了，你跟人家道过歉吗？"小刚说道："我为什么要道歉？我又没有错。"

爸爸知道儿子还沉浸在负面情绪中走出不来，于是笑着说道："其实有时候道歉并不是示弱，而是一种以退为进的方法。你想要达到什么效果，就去追求什么。你愿意天天跟同桌闹矛盾吗？想想你们一起聊足球、篮球的情景，想想你们一块恶作剧的场景，别以为我不知道，懒得管你罢了。"

听了爸爸这让人轻松的谈话，小刚想想确实好像是自己先做得不对的，这几天跟同桌不说话，确实挺压抑的，两个人闹这种矛盾，有些丢人。想到这里，小刚的心境一下开阔了很多。他听了爸爸的劝告，穿上鞋出门找同桌道歉去了。

小刚因为小事跟同桌闹别扭而烦恼，虽然是小事带来的小烦恼，但在孩子的心中却是天大的事情。小小少年也有小小忧愁，孩子有了忧愁的时候，父母既不能放任不管，也不能强硬地要求他怎样，而是要讲究策略和方法。家长可以与孩子谈谈心，也可以带他出去散散步，还可以带孩子出去运动一下，或者养花修身养性，这样孩子便不会因为忧愁而做出一些不利于自身的事情，也有益于他的身心健康成长。

　　小燕今年升入了初中，她原本是一个无忧无虑的小姑娘，但是最近明显地满怀愁绪。

　　妈妈看到小燕的异样，连忙询问她怎么回事，但是小燕支支吾吾的，什么也不说。于是，妈妈去询问了孩子的老师。老师告诉她，小姑娘脸皮薄，前几天学校有一场比赛，但是小燕因为一些过失而被在场的老师批评了，所以她有些没面子，最近在班里表现得也不太自在。

　　妈妈没想到是这样的事情，她觉得如果再过上几天，孩子的情况也许会更严重，于是在这一天，妈妈带着小燕去公园里散步。她边走边问道："你最近怎么了？看起来很忧愁的样子。"然后没等小燕回答，她便又说道："我从前也有忧愁的事情，那时候我也不知道怎么办。后来，我发现养花可以让人的心灵回归平静，所以我就养了很多花。你看，咱家现在是不是到处都是花？其实我每次不开心的时候就去打理这些花儿。"

　　小燕听了妈妈的话若有所思。过了几天以后，妈妈发现小燕的心情好多了。妈妈这才发现小燕似乎找到了排解心中忧愁的方法，那就是闷头画画，这几天，她画了好几幅画。

　　小燕因为比赛的失误被老师批评，因此心里很不自在，但在妈妈的开导下，她学会用画画来排解内心的忧愁。孩子心中的忧愁需要排解，否则就像是天上的阴云笼罩在孩子头顶。而帮助孩子进行排解，这是父母的职责所在。让孩子健康、快乐地成长，相信是所有父母最衷心的期盼。为此，我们需要不断地寻找方法，帮助孩子找到适合他们排遣忧愁的方法，让孩子真正快乐地成长。

理解孩子的情绪波动

　　父母一定要学会关注孩子的情绪波动，并且能够理解孩子行为背后的动机。在很多场合当中，我们都会发现这样的场景，爸爸妈妈要求孩子去做什么，但是孩子就是不理你，这时父母总是暴跳如雷，甚至是以父母之名，要求孩子一定要按照他们的意愿去执行，强求之下的结果可想而知。父母强求孩子意愿的问题，是父母对孩子的情绪波动不够理解造成的。父母需要时刻关注孩子的情绪变化，及时帮助孩子进行情绪疏导。

小树今年上二年级了，他品学兼优，但是他的妈妈是一个非常强势的人，无论是什么事情，都要求小树做到最优秀，她的口头禅就是："你必须服从我，你有情绪也给我憋回去。"

　　这一天，小树随妈妈参加婚宴，正坐在餐桌上吃饭，这时服务员端上来了一盘油焖大虾，大家每人夹了一只后还剩一只，小树眼疾手快便夹到了自己碗里。这时旁边的小妹妹对她的妈妈说："妈妈，我还要一只虾。"这个小妹妹的妈妈有些不好意思，说："孩子，你已经吃了一只了，这里已经没有了。"然后那个小姑娘很不开心地说："可是我就是想吃啊！"

小树的妈妈看到这样的情况，便说："小树，你把这只虾让给这个小妹妹吧！"小树不同意，并告诉妈妈他也想吃，但是小树的妈妈却说他是大哥哥，应该礼让小妹妹，不然就不是好孩子。小树转过头不理妈妈，但是妈妈还是不顾他的意愿，将他碗里的虾夹给了那个女孩子。

　　小树很生气，一摔筷子便跑了出去。这时那个小女孩的妈妈十分尴尬，她甚至都不知道该怎么反应了，只能劝小树的妈妈不必这样。但是小树的妈妈却十分肯定地说："没关系的，他一会儿就好了。"然后转过头来询问那个小女孩虾是否好吃。

　　等到小树的妈妈晚上回到家后，便没有看到小树，而是小树的爸爸在小树房间门口徘徊。小树的爸爸询问道："今天发生什么事情了？他自从回来就把自己关在了屋子里。"妈妈就把今天在婚宴上的事情说了，小树的爸爸听后认为小树的妈妈做得不对，没有照顾到孩子的感受，让小树受到了伤害。小树的妈妈此时还是十分不服气地反驳着，小树的爸爸也很无奈。

　　像小树的妈妈教育孩子这样的场景，在日常生活中也经常上演。很多家长总是要求孩子怎样怎样，他们喜欢孩子按照大人的想法去顺从他们，不喜欢孩子反驳他们，也不喜欢孩子不按照他们说的去做。久而久之，这样教育出来的孩子表面上看乖巧听话，但是他只是不敢将自己的真实情绪表达出来罢了，这非常不利于孩子健全人格的发展。父母不能漠视孩子的情绪，而是应该看到孩子的情绪，然后适当地舒缓他波动的情绪。

小米今年上四年级了，是一个很漂亮的小姑娘。她的成绩算不上很好，但是她还算努力。小米的妈妈想要给她提高一下艺术素养，便给她报了一个小提琴班。为此，小米每天晚上完成作业以后，都要再练上一个小时的小提琴。

这一天，小米做完作业后，还没有去练习小提琴，而是窝在沙发上看报纸。小米的妈妈提醒她说到了练习小提琴的时间了。哪知道小米并不动弹，而是说："我要看完这份报纸再去。"

过了一会儿，小米的妈妈收拾完了厨房，已经过去快半个小时了，小米还在那儿捧着那几张报纸看，这让她很生气，她下令小米马上去练琴。然而在接下来的练琴过程中，小米十分敷衍。妈妈看她这样的状态，只得耐着性子询问她还需要花多长时间才练完。小米想了想说道："我今天不想练习了，想休息一下。"妈妈想了想后便同意了她的要求，小米终于开心了。

小米的妈妈面对这样的小米也是没办法，但是如果她在小米有情绪的时候，继续强制她按照每天的时间表去执行，那么小米肯定也拉不好。她拉小提琴的时候带着情绪，不但拉不好，而且还会对拉小提琴这件事产生厌烦心理。

在小米练习小提琴有情绪波动的情况下，她的妈妈没有强制她带着情绪去练习，这一点是非常值得称赞的。作为父母，我们一定要重视孩子的情绪，当孩子在表达自己情绪的时候，不要强硬地与他拧着来，而是要根据孩子动作和神情的细微变化，舒缓孩子的波动情绪。父母要从中了解孩子情绪变化的原因，倘若是父母要求过高，那么父母就要调整自己；倘若是孩子被欺负了，父母要及时帮助他释放负面情绪，这样才有助于塑造孩子的良好性格。

尊重孩子的情绪表达

生活中有时会看到这样的场面：孩子在那里哭，旁边的妈妈就是不理会，美其名曰，这是在培养他们坚强的性格，这是在向一些育儿专家学习。然而，事实当真如此吗？在许多父母看来，孩子不能哭，哪怕是受了委屈，或是伤心，抑或是悲伤时也不要哭，因为哭泣是软弱的表现。孩子就应该像超人一样，什么都不怕，去拯救世界，似乎这才是他们希望孩子变成的模样。

小天今年6岁了，是一个很乖巧的孩子，但是有时候也很让人头疼，他哭起来不分场合，家长不让哭，他便躺在地上打滚儿。

有一次，小天妈妈带他去一个景区旅游。刚开始的时候，小天很兴奋，他看什么都觉得新鲜。当他们逛到过山车面前的时候，小天想要上去试试，但是妈妈告诉他，他现在还太小了，坐那个太危险，那个太陡了，那不适合小孩去乘坐。小天现在一心就要试试坐过山车的感觉，所以妈妈说的话，小天根本就听不进去，反而哭了起来。妈妈很生气，说这有什么好哭的，走吧，我们去前面看植物。

小天一听妈妈这样说，便直接躺在地上不走了，妈妈觉得这熊孩子实在是丢人，于是便也不管，自己径直走了。这下可算是捅了马蜂窝，小天便号啕大哭起来。妈妈不得不返回来，询问他究竟要怎样，还说他如果再这样，她便真的走了。妈妈一边说着还一边假意走了几步。

小天见此也慌张起来，结果他只能压抑自己的情绪，委屈地跟在妈妈的后面。妈妈回家后还跟小天的爸爸炫耀自己斗智斗勇的成果。但是小天的爸爸的一句话浇灭了小天妈妈的热情，小天的爸爸说："我同事家一个孩子，从小就是被父母管得严，父母总是用他们以为好的方式去要求孩子这样那样，但是时间长了，那个孩子是不哭了，看起来也变得乖巧了，但是他的性格却变得过于软弱和谨慎了，无论做什么都有放不开的感觉。你想要这样的孩子吗？"

小天的妈妈想了想，果断地摇了摇头，不过她也思考起自己管教孩子的方式来。

小天的愿望如果得不到满足，他便会哭闹，甚至躺在地上撒泼打滚。小天的父母在如何管教孩子上也存在着一定的分歧。哭泣是孩子正常的情绪表达，父母不应当强硬地呵斥这种情绪表达，否则会带来一连串的负面后果。在面对哭泣的孩子时，父母首先要做的是自己要保持冷静，然后要接纳孩子的情绪表达。父母应该学会观察孩子的情绪，并尊重孩子的情绪表达，不要刻意去改变他，而是要学会去引导他。

　　小方今年上二年级了，他是一个很喜欢画画的男孩子，但是妈妈觉得小男孩就该多动一动，不然就不像个男孩子，于是就想给小方报个武术班，妈妈觉得男孩子学武术是一件很酷的事情。

　　一个星期天，妈妈带着小方来到武术班，小方还没等进入培训班的大门，就拽着妈妈往外走，他说："走吧，妈妈，我们回家，我不想学。"妈妈却不由着小方的性子，硬将小方拉到了武术班。

　　第一节是试学课，别的小朋友都跟着武术老师学习，劲头十足，小方却心不在焉的样子，一点儿都不配合。老师也在尽力调动小方的积极性，可是这孩子却一直看着妈妈，直直地站在那里，一动不动。不过有时，为了应付差事，小方还是会做几个动作，一节课很快就结束了。

走在回家的路上，小方一脸的不高兴，他一再哀求妈妈说："妈妈，我不想学武术，我不喜欢，我可以学画画吗？"妈妈默不作声。晚饭时，小方也一副心不在焉的样子，任谁都能一眼便看出这孩子心事重重。

妈妈看到孩子这样，就轻轻地对小方说："要不然，妈妈就给你报画画班？"话音刚落，就看到小方兴高采烈地说："妈妈，真的吗？"妈妈看到小方如释重负的样子便决定不再坚持自己的想法，尊重小方的意愿，给小方报画画班，因为她喜欢小方开心的样子。

小方闹情绪就是不想学自己不喜欢的武术，最后妈妈尊重了小方学画画的意愿。成长中的孩子会出现各种各样的负面情绪，这时父母不要急着去纠正他的坏情绪。父母要明白，孩子之所以闹情绪，其实是在表达自己内心的想法，父母不要被他的负面情绪给带偏。父母要冷静下来，寻找原因，然后理解他的情绪，尊重他的意愿。在此前提下，与孩子用心沟通，让孩子明白其中的道理，进而使孩子自己努力去改变自己的想法。

孩子情绪表达过后父母要加以引导

孩子往往用语言或是行动来表达自己的喜怒哀乐等情绪，有的父母会任由孩子消化自己的情绪，但是这样做的结果，可能会让孩子变得更加坚强与坚韧，也有可能让孩子变得阴郁、畏缩、胆小，然而这却并不是父母所期望的样子。每一个父母都希望自己的孩子阳光、快乐、幸福。为此，作为父母，无论如何我们都不应该让孩子独自承受成长道路上的这些压力和苦痛，而要对孩子的情绪加以引导，告诉他应该如何控制自己的情绪，如何化解自己的负面情绪，如何让好情绪与自己相伴。

　　小云今年上六年级了，在父母的眼里，她早就该懂事了，所以无论有什么事情，父母都希望她可以自己处理，而父母全部的注意力都放在了未出生的二胎身上。

　　最近，小云迷上了一个偶像，她觉得那个偶像的歌声很有温暖人心的力量，她计划买一张车票去欣赏偶像的现场音乐会。

　　这一天，小云去上学的时候，妈妈来到小云的房间，本来是想给她整理一下房间，但是却发现了一张去另一个城市的车票，时间就在明天晚上。这时妈妈忽然想起来，小云跟她说过，明天周末，她要去外婆家住两天再回来，她当时没有多想，觉得去外婆家不过几站地的事情，而且她也常去。这要不是现在她看见这张车票，她都以为是在做梦。

　　小云的妈妈就坐在小云的房间里，等着自己的女儿放学。她就这样一直等着她，也顾不上肚子里二胎的胎动了。她仔细回想女儿的一切，发现女儿格外懂事，让她骄傲，但是她却没有关心过她的喜怒哀乐和兴趣爱好，她觉得女儿变得陌生了起来。

　　直到下午快6点的时候，小云才放学回家，一进家门，便发现

妈妈正坐在自己的书桌前，"妈妈有些可怕，"这是小云的第一反应，于是她问，"妈妈，你怎么不去沙发上坐着，当心小妹妹不舒服。"妈妈终于发作了："什么小妹妹，明明是小弟弟。还有，你给我解释一下这是怎么回事？"妈妈一边说着，一边将小云的车票撕烂了，然后便离开了这里，回到了卧室。

小云看着妈妈这样的行为，她十分想哭，但是她知道哪怕自己哭死，妈妈也不会理她的。妈妈从来都是让她自己消化情绪，在她很小的时候因为害怕而哭泣的时候，妈妈还是让她自己单独待在自己的卧室睡觉。她此时似乎又回到了小时候，她觉得自己崩溃了。

小云的妈妈只想要一个乖巧懂事的孩子，却很少关注孩子的情绪和爱好，孩子一旦不如她的意，她甚至比孩子的情绪还要歇斯底里。小云在成长过程中一直按照母亲期望的样子成长着，但是这却给她造成了一定的心理创伤。成长过程中的孩子还没有定性，所以他的情绪表达，如果不加以引导的话，便很容易堆积在心中成为负面情绪，这会严重影响孩子性格的塑造和身心的健康成长。

小可今年 3 岁了，她从小被奶奶带着，所以跟奶奶很亲，一天见不到奶奶，她便哭闹不止。但是很不幸，奶奶因为患病永远地离开了她。

小可似乎感觉到了父母的悲伤，她很想要奶奶来抱抱她、哄哄她，但是奶奶并没来。她用自己尚不利索的话语向妈妈表达："奶奶……奶奶……"但是妈妈只是哭，她看到妈妈哭，她也就哭了。

妈妈只得哄她，告诉她："奶奶给小可做好吃的去了，小可先睡觉好不好？等小可一觉醒来，就可以看到奶奶了。"但是小可还是哭闹不止，这可愁坏了小可的父母。

后来，小可的妈妈忽然想起来，奶奶以前给小可做过一个小布偶，于是她找了出来，拿给小可，安抚小可的情绪，小可果然停止了哭泣，不一会儿就睡着了。

小可虽然年龄不大，但是她也有自己的情绪，妈妈用奶奶给她做的小布偶安慰她就做得很好。这位妈妈并没有一味地任由孩子哭，也没有让孩子自己消化情绪。如果妈妈这样做，孩子心中可能会留下一道不可愈合的伤疤。引导孩子的情绪是父母的责任，父母要在孩子情绪表达以后，及时给予回应，引导他走出负面情绪。当孩子的情绪出现问题的时候，要及时介入，不要任由事态恶化，影响孩子的健康成长。

第八章

用心相伴，陪孩子走过青春期

青春期是人一生中尤为关键的时期，走过这个时期，一个儿童成长为一个成人，身体和心理都将发生巨大的变化。在这个阶段，孩子也正努力于自己的学业，试着成长为大人。身心的巨变，学业的压力，让家长和孩子都有点儿不知所措。一谈起青春期，很多父母犹如遭遇洪水猛兽，头痛不已：小学时那么听话的孩子，一到青春期便变了个人，一回到家就砰地把门关上，对父母很不耐烦，说上两句就要吵架；有的孩子沉迷游戏，成绩一落千丈……其实，青春期的孩子出现问题，也不是一朝一夕就能发生的事情，父母要试着了解青春期孩子的心理特点，用正确的方法去引导，让孩子尽快走上自我发展的道路。

青春期的孩子需要父母的支持

　　青春期是每个人都要经历的，这个时期是叛逆的，很多父母和孩子都会有争吵和矛盾。进入青春期的孩子，憧憬成熟，又留恋童年，追求完美，又总带着些缺憾。很多孩子进入青春期后，就会慢慢脱离父母，寻求心理上的独立，这是孩子成长过程中的天性释放。作为父母，纵有万般不舍，我们也应该支持孩子，让孩子经历这一过程。孩子在独立成长阶段会产生矛盾心理，这使得孩子表现出的一些行为让人无法理解。如果家长不了解孩子，对青春期的变化不给予足够的关注和理解，进而约束孩子的行为，最后就会导致孩子与父母矛盾重重。

　　小倩在步入青春期之前，喜欢穿粉红色的裙子，经常让妈妈给自己买零食，喜欢好朋友送自己布娃娃。在妈妈的眼中这个孩子特别可爱，整天都缠着妈妈，她享受被女儿依赖的感觉。

　　现在，小倩步入青春期，不再整天缠着妈妈了。妈妈发现，突然间，小倩不喜欢穿粉红色的裙子了，而喜欢买一些运动类型的衣服；零食还喜欢吃，不过，一块糖果、一杯饮品已经不能满足孩子了，她开始向妈妈要零花钱，请同学吃饭了；孩子也不再喜欢布娃娃了，

她开始喜欢上了打扮自己，偶尔会买化妆品。

女儿的改变让妈妈不能接受，她还是喜欢自己原来的那个小女孩，有什么心思都跟自己说的小女孩。每次，小倩在镜子前打扮的时候，妈妈都会在一旁唠叨。妈妈的唠叨换来的却是小倩的反抗，她开始学会了和妈妈顶嘴。

就这样，青春期的小倩觉得妈妈一点儿都不懂自己，她讨厌总是唠叨自己的妈妈。有的时候，为了躲避妈妈的唠叨，她总会把自己关在屋子里。有的时候，母女俩会因为一件小事而大吵一架。就这样，反反复复好多次之后，小倩变得更加叛逆了。

小倩青春期前后的个性发生了很大变化，对妈妈也没有以前那么依赖了，她渴望被理解。孩子步入青春期，不再像以前那般天真了。他们在逐渐走向成熟，拥有独特的个性，开始重视自己的外表。

他们拥有自己的小群体，在小群体里要重视自己的形象，这时，父母应给予支持，想办法给予正确引导。青春期孩子的自尊心特别强，特别反感父母的唠叨，如果父母干涉得过多，孩子就会变得越来越叛逆。

开学之后，李刚就要升初二了。假期里，和李刚相处很好的几个同学约他一起吃饭。李刚就将这次聚会告诉了爸爸，爸爸答应了。因为爸爸知道，现在孩子已步入青春期，有了自己的社交圈子，他应该尊重孩子，同时，爸爸还给李刚拿了零用钱。

为了保证孩子的安全，爸爸亲自送李刚去了和同学们聚会的地方。李刚当时非常不自在，因为他觉得和同学们聚会，有家长在会很尴尬，谁知到了地方之后，爸爸并没有下车，只是说："李刚，你下车，爸爸还有事，要去公司处理一下，记得，什么时候需要爸爸来接你，给我打电话。"李刚点了点头，听爸爸这么说，他不再有心理负担了。

爸爸知道，李刚步入青春期，不再是那个走到哪里都要父母跟着、保护的孩子了。他也知道，自己如果跟着孩子去聚会，所有的孩子都会不自在，他们的聚会也会很无趣。

在李刚步入青春期之后，爸爸妈妈都很支持孩子，父母尊重他青春期的变化，如果孩子需要父母，他们会及时出现。他们经常和李刚谈心，听孩子倾诉，并给孩子提出建议，引导李刚解决问题。李刚也感受到了来自父母的爱，感觉到了父母是最懂自己的人，是最支持自己的人。

李刚的父母能够察觉孩子青春期的变化，对他很支持和理解。青春期的孩子想要有更多的自主权，不喜欢父母的过多干涉，不想让父母关注自己的人际关系，也不愿意让父母干涉自己学习上的事。这时候，父母就要学会把孩子当自己的好朋友来看待，要尊重孩子，尤其是要尊重孩子的隐私。父母对于孩子的人际关系，做到不干涉，但也不能放任不管。要知道近朱者赤，近墨者黑，父母要关注孩子的好朋友，必要时提醒孩子要与积极正能量的人交朋友。

面对青春期的孩子，父母要及时改变教育方式

孩子进入青春期，不再是那个放学一回到家，就喊"妈妈，我饿了！"的孩子了，现在，他的身心都在慢慢改变。这时的孩子一进屋，很可能会一句话都不说，径直走向自己的房间，"砰"地关上房门。青春期的孩子总是回避与父母谈论自己的个人事情。父母在青春期孩子的面前没有了任何权威。父母面对青春期孩子发生的一系列变化，要认真反思，不能再用唠叨、干涉、强制等方式去教育孩子了。面对青春期孩子发生的改变，父母也要改变自己的教育方式。

李强自从上了高中之后，就变得不愿意和父母交流了。父母还想让李强回到小时候那个样子，不管遇到什么事，都愿意告诉爸爸

妈妈，尤其是在学习上，遇到不懂、不会的题，爸爸妈妈都会上网查资料，帮他解决。可现实就是这样，有很多事，随着孩子的长大，再也回不去了。

现在，李强放学一回到家，什么话都不说，一副心事重重的样子。妈妈看到李强这个样子，很着急，于是不停地问孩子，究竟发生了什么。她在李强面前总是絮絮叨叨。李强看到妈妈这个样子，实在听不进去了，于是关上了自己的房门，而妈妈还是在客厅里唠叨个不停。

妈妈也是出于关心，才不停地唠叨着孩子。有一天，李强实在忍不住了，于是和妈妈吵了起来。和妈妈大吵了一架之后，他用力关上了自己的房门，躺在床上，用被子蒙上自己的脑袋。之后李强一连三天都没有和妈妈说话，最后还是以妈妈的妥协才结束了这场"战争"。

青春期的李强再也不会变回父母心目中他小时候的那个样子，因此，父母的心灵也要经历一次再成长。父母要知道，青春期的孩子再不是那个你一直催着写作业、上学校、穿衣服的小孩子了。现在，他已经长大了，他需要独立完成自己的事。这时候的父母要学会闭上嘴，用心去观察孩子的一举一动。同时，父母也要告诉孩子，从他进入青春期的那一刻起，父母不会再干涉他，不会再唠叨他，让他有自己的事情自己做的主观意识。

随着年龄的增长，肖锐步入了青春期。爸爸发现肖锐最近总是沉默寡言，他好像不喜欢爸爸妈妈进他的房间，他总是把自己觉得非常重要的东西锁在抽屉里，尤其是日记本。他不再像小时候那样，总是缠着爸爸给自己讲故事了。爸爸发现肖锐的这些变化之后，就告诉了妈妈，让妈妈不要再像平时那样总是唠叨孩子了，妈妈连连点头。

　　一个暑假里，爸爸郑重其事地坐在肖锐旁边，对孩子说道："肖锐，你现在已经长大了，有一些事要自己去做，如果需要的话，你就跟爸爸妈妈说，我们会尽全力帮你；如果不需要，你就按照你自己的想法去努力做就好。"肖锐听爸爸这么说，点了点头，爸爸的话，让肖锐担心父母会干涉自己的心放了下来。他原本还以为爸爸会过来和自己说好多话，事实上却不是，爸爸表明了自己的态度之后，就起身回到了自己的房间。最近，肖锐也发现，妈妈也不再像以前那样唠叨自己了，她开始变得不爱说话了。

一段时间下来，肖锐按照爸爸的话，平时自己能处理的事情，都会自己处理，如果拿不定主意的，他会找爸爸商量，爸爸也会给他提出一些建议，让他自己决定。有时候他也会帮妈妈打扫屋子、做饭，妈妈还会一如既往地做他爱吃的饭。和孩子在一起时，妈妈总会讲一些开心的事，逗得肖锐哈哈大笑。

　　肖锐觉得，和父母的这种相处的方式，让自己很舒服。肖锐经常和父母敞开心扉，说自己开心的事，有时不开心了，也会告诉父母，倾诉一下。父母的改变，让肖锐的青春期不再那么孤独，和家人在一起，他感到非常幸福。

　　青春期的肖锐在怀着戒心和试探的心理状态下，找到了和父母的这种比较舒适的方式。孩子进入青春期时，父母不要再把孩子当成是一个小孩子来看待，不要以教育孩童的方式来教育青春期的孩子。父母自己要学会改变，也要和孩子一起成长，让青春期的孩子感受到来自父母的爱。进入青春期的孩子，对自己认识模糊，情绪不稳定，父母要陪伴在孩子身边，不断地给予引导，要让孩子变得愈发自信起来。

从容应对孩子的叛逆

进入青春期的孩子，都会在父母面前表现出叛逆，有时会情绪激动，有时会乱发脾气，有时会仰头反抗，有时会沉迷网络，这个时候的孩子，自我意识开始慢慢觉醒，喜欢按照自己的意愿做事。青春期的孩子，随着自我意识的逐渐加强，不再被动地听从父母的教诲和安排，而是渴望用自己的眼睛去看世界，用自己的标准去衡量是非曲直。这种从被动到主动，从依赖到独立，是每一个青春期孩子成长的必经之路。

张烁是一名初二的学生，因为进入青春期的缘故，他动不动就发脾气。每次，他一发脾气，爸爸就忍不住要唠叨孩子，告诉他这么做是不对的。张烁每次听爸爸这样唠叨，就更加生气了，他和爸爸大吵一架，父子俩谁都不妥协。

有一次，爸爸正在辅导张烁写作业，刚开始的气氛还算融洽，张烁在那里安安静静地写作业，爸爸在一旁帮着张烁查资料。就在这时，张烁遇到了一道难解的题，爸爸一边帮他查资料，一边绞尽脑汁地帮他解，谁知，张烁开始不耐烦了，他一甩笔，说："不写了，这是什么题啊！"然后起身便走了。爸爸看张烁这个样子，觉得这孩子也太没有责任心了吧！自己在这里辛辛苦苦地帮他查资料，这家伙却将笔一甩，走了。

爸爸于是对张烁说："怎么，想当甩手掌柜啊？我还在这里帮你解决这道题呢，你就这么走了吗？你走了我也不管了！"张烁见父亲这样，更加生气了，"好啊，我不写了，也不用你管！"说着说着，他和爸爸就吵了起来，爸爸边吵边在想："这孩子，一点儿都不像小时候那么听话了！"

最后，父子俩的争吵搞得两人谁也不开心，一点儿学习的氛围都没有了。

张烁的爸爸在辅导作业时和孩子发生了争执，这其实是不应该发生的。孩子在青春期表现出的叛逆，是成长中不成熟的表现。如果家长过分地纠正，只会让教育失控，孩子会不耐烦，会发脾气，甚至摔东西，严重时，会做出出格的事。青春期的孩子总喜欢和父母唱反调，这时候，父母要管控好自己的情绪，不要急于去指责孩子，不要太有控制欲，因为强烈的控制欲只会让孩子变得越来越叛逆。

晓玲是一名初三学生，她经常对爸爸妈妈说的一句话就是："我偏不，我不要听你们的！"这是爸爸妈妈受到的不知道多少次拒绝了。晓玲不喜欢整理自己的房间，经常把房间弄得乱七八糟的。妈妈只说了一句："晓玲，你都已经这么大了，该学会整理自己的房间了。"晓玲却说："好了，不要管我，我知道了！"她这么回答，却没有任何行动。

　　爸爸感觉到了晓玲的变化，于是跟妈妈商量说："我们要换一种教育方式了，现在孩子已经进入了青春期，对于整理房间这件事，我们要跟孩子说一下，不必过多地去说，让她自己主动去做。"爸爸还告诉妈妈，让妈妈凡事都不要着急，要从容面对，要学会淡定。

　　爸爸妈妈商量过之后，这天，爸爸只和晓玲说了一句话："晓玲，你现在已经长大了，要自己学会整理内务，爸爸妈妈从今天开始，不会再帮你做这些事了。当然，如果需要爸爸妈妈帮忙，你可以跟我们说。"简简单单的一句话，让晓玲感受到爸爸的这次谈话很认真。

　　爸爸妈妈说到做到，从这一天起，妈妈确实不再帮晓玲整理房间了，晓玲看到平时被自己弄得乱糟糟的房间，开始整理起来，而且从这一刻起，妈妈爸爸也不再唠叨自己了。

晓玲的"不要听你们的""不要管我"等，其实只是一种内心的叛逆。青春期的孩子身心都在发生着一系列的变化，这个年龄的孩子能够体会到这个世界展现出的精彩，对此，他会逐一体验，同时又不喜欢父母强加干涉。这时，父母要从容地面对孩子的叛逆，对孩子不要表现得过于关注，不要每时每刻都干涉孩子的决定，要让孩子尝试着独立去做一些事。

手机的问题该怎么处理

青春期的孩子喜欢玩手机，是现实生活和虚拟生活的碰撞，当孩子拿到手机的时候，就是面对全新虚拟世界的一个时候。有时候，孩子的学习压力大，为了缓解压力，他会通过玩手机游戏来减轻自己的压力。有的父母看到孩子玩手机，通过直接威胁，或者以金钱交易，甚至怒吼的方式让孩子放下手机；有的父母则通过引导、交流、培养孩子兴趣爱好的方式让孩子从根源上杜绝沉迷手机。总之，要想解决青春期孩子沉迷手机的问题，父母就要认识到孩子沉迷手机给孩子带来的危害。

中考刚刚结束，王鹏就拿着手机来到了同学家，一住就是好多天。这期间，他也没有给爸爸妈妈打过电话，而是一直都在和同学们玩着手机游戏，玩得简直不亦乐乎。妈妈很担心王鹏，于是来到了王鹏的同学家里。这位同学的爸爸妈妈都在外地出差，王鹏和几个同学就住在了这里。妈妈来到这里时，一开始敲门，没有人应答，她敲了很久，才有一个孩子给自己开了门。

妈妈进入屋子之后，看到王鹏在和同学打着游戏，没有理她。妈妈在那里坐了一个多小时，她终于忍不住了，对王鹏说："今天，妈妈带你回家。"王鹏随口说了一句："我不回！"然后，他继续沉浸在手机的游戏里，开始打打杀杀，还不时地指挥着旁边的同学怎么玩。

妈妈为了让王鹏回家，一把抢过了孩子的手机，这时，只见王鹏恼羞成怒，恶狠狠地看着妈妈。妈妈将手机直接关机。王鹏又立刻拿回了手机，一把将妈妈推出了门外，并关上了门。

妈妈被王鹏的举动惊呆了，心想："这孩子玩游戏，竟然痴迷到了这种程度！"她敲门时，只听到屋子里的孩子们继续玩着游戏，没有人给她开门。

面对沉迷于玩手机游戏的王鹏，他的妈妈非常无奈，但也无计可施。青春期的孩子玩手机成瘾，其中很大的原因是学习压力大，生活乏味、枯燥所致。青春期的孩子长大了，已经有了自己的思想，对父母毫无忌惮。要将孩子从玩手机的虚拟世界里拉出来，回到现实中来，如果父母直截了当地去阻止，让孩子自己放下手机，就会和孩子产生一些矛盾，进而让孩子变得更加叛逆。父母应该适时地为孩子提供网络资源，引导孩子健康成长。

　　小璐马上就要上高中了，她想要在假期里好好休息，放松一下，现在的她终于可以肆无忌惮地玩手机了，也不用总惦记着作业了。小璐这么想，于是整天把自己关在房间里，一玩就是一整天。近几天，她开始在晚上也玩起了手机。

　　这期间，妈妈一直都在观察小璐。这天晚上，妈妈发现小璐房间里的灯还亮着，于是就轻轻地敲了敲门，问小璐："我可以进来吗？"一开始，小璐没有理妈妈，因为她觉得妈妈进来肯定是阻止自己玩手机的。妈妈这时又继续征求道："我可以进来吗？"小璐终于回应了妈妈。因为这个时候，她意识到了妈妈是尊重自己的。

　　妈妈来到房间里，坐在小璐身边，对她说："现在都已经9点了，妈妈担心你继续看手机会伤害到眼睛，我建议你休息一会儿，吃点儿水果，冰激凌也可以。"小璐原本以为妈妈会强制自己，不让自己玩手机，结果妈妈却心平气和地在跟自己说话。小璐感受到了妈妈的关心，于是说："我再玩 10 分钟，就休息了！"妈妈听小璐这么说，于是告诉她："好，那妈妈回自己的房间了，晚安！"

10 分钟后，就像小璐承诺妈妈的，她果断地放下了手机，躺在床上，不一会儿就睡着了。其实，妈妈一直在默默地关注着孩子，看到小璐睡着了，妈妈欣慰地笑了。她也回到了自己的房间，休息了。

小璐的妈妈只是担心玩手机会影响小璐的睡眠和视力，她没有采取粗暴的手段，这一点是值得肯定的。孩子爱玩手机，如同爱听收音机、看电视一样，只是一种获取资讯和娱乐的方式。偶尔有所着迷，父母也不要大惊小怪，更不要采取强硬的方式。父母要学会理解孩子，站在孩子的角度去思考问题。面对当今这个全新的、科技发达的世界，杜绝孩子玩手机是不现实的。父母应该引导孩子有自我管控的能力，让孩子在学习的同时，适当通过手机缓解一下自己的压力。

早恋的话题绕不过去

"早恋"对处于敏感青春期的孩子是永远绕不开的话题。青春期的孩子，其身体和心理都在发生着变化，他们的心中会燃起情感的小火苗，对异性产生好感，产生懵懂的感情，有一种怦然心动的感觉。谈起早恋，作为父母，我们首先想到的是它所带来的种种危害，所以一下子反应过激，倒也可以理解。但冷静下来想想，过度反应带来的高压，不仅不能妥善处理问题，反而会激起孩子的叛逆情绪，让矛盾和误会更加深化。但因为孩子的辨别能力和生活阅历还不足，还是需要父母及时地对他进行正确的引导。

小艺是一名高二的学生，不知道从什么时候起，她开始崇拜上了班上的一名男同学，她经常请教男同学问题。这名男同学不但学习好，也很乐意帮助小艺。因为长时间的相处，两个人成了好朋友。他们经常在一起学习，假期里，男同学还经常来小艺家教小艺做题。

这一切，小艺的妈妈都看在眼里。她一看到男同学来自己家，就一副要吃人的表情。小艺和男同学在一起写作业的时候，妈妈就坐在旁边。因为男同学在学习上经常帮助小艺，小艺就用自己的零花钱请男同学吃饭。妈妈知道这件事后，顿时非常生气，她领着小艺来到男同学家，说自己的孩子请了他家孩子吃饭，并称要将小艺请客的钱要回来。男同学的爸爸妈妈觉得很尴尬，于是就将小艺的零花钱还了回来。小艺的妈妈临走时，还对男同学的家长说，管好自己的孩子，两家大人为此还大吵了一架。

事后，小艺和男同学就不再说话了，他们觉得这是一件很丢人的事。小艺原本只是崇拜，想要男同学帮助自己提高学习成绩，结果却被多疑的妈妈搅成了这个局面。从那以后，男同学也不再理会小艺了，小艺也不好意思跟男同学说话了。

小艺和男同学互相帮助和学习，结果小艺的妈妈却认为两个人在早恋，妈妈的言语和做法影响了两个孩子的正常交往。一部分家长害怕孩子会早恋，认为这会影响孩子学习，是一件天大的错事。其实，每个人都会经历青春期，甚至也有人会为异性而怦然心动过。早恋也不一定是洪水猛兽，父母要教育孩子拥有正确的恋爱观。在这个大前提下，早恋不会影响学习，甚至可以相互激励，共同进步。在孩子早恋的问题上，父母要信任孩子，孩子也要对父母坦诚，这样彼此才能心照不宣，解除误会和矛盾。

最近妈妈发现晓云总是一个人抱着手机聊天，当妈妈坐在晓云身旁时，她就会来回躲闪。从晓云的表现看，妈妈就猜想到了晓云是在和异性聊天，因为到这个年纪的孩子，和异性聊天是一件很正常的事。

妈妈当时什么也没有说，只是默默地观察。这天，妈妈看到晓云有闲暇的时间，便坐了下来，开始和晓云聊了起来。一开始，晓云似乎并不想和妈妈聊，她说话时总是躲躲闪闪的。当妈妈和她聊到她最感兴趣的旅游时，晓云开始滔滔不绝了。这时，妈妈告诉了晓云自己青春期和异性交往的事情。晓云和妈妈聊得很投机，于是把自己这几天和谁聊天也告诉了妈妈。她说："她很喜欢这个男生，他很帅，学习还好。"

妈妈听晓云这么说，于是告诉晓云："你自己与他人交往，是你的权利，妈妈不干涉，但妈妈要告诉你，你们现在是学生，要以学习为主，要共同进步，这样，你们未来的人生才有动力、有意义。"晓云觉得妈妈说得很有道理。为了赶上这名男生的成绩，她开始努力学习，两个人在班上的成绩经常名列前茅，不相上下。

晓云还经常带男生来家里吃饭，妈妈总会给他们做好多好吃的。饭后，他们也会在一起做作业、讨论问题，他们的学习劲头很足。因为成绩差不多，毕业时，两个人还考上了同一所大学。

晓云的妈妈对于晓云和异性交往处理得很理性，要求以学习为主，要共同进步，要让生活过得有意义，果然这两个孩子最后都考上了大学，而且是同一所。父母面对青春期孩子早恋的问题，一定要慎重应对，千万不能大惊小怪，让孩子不知所措。要试着站在孩子的角度看问题，适时地与孩子进行沟通，引导孩子学会把握尺度，既要有边界感，也不要断绝了与异性的交往。要告诉孩子不妨"让好感的子弹再飞一会儿"，时间会给出最好的答案，让懵懂的情感先变成纯真的友谊，让孩子与异性相互激励，共同进步。

掌握与孩子沟通的技巧

几乎所有的父母，都或多或少地经历过与孩子沟通的烦恼，而青春期孩子的父母则有着更多的与孩子沟通的困惑。这个阶段的孩子不再像小时候那样，整天都缠着父母，有什么事都愿意告诉父母，而是更愿意将自己的心里话告诉自己的朋友或者老师，其次才是父母。进入青春期的孩子，生理和心理都会发生变化，开始有了很强的自我意识，不喜欢被人命令。这个时期，家长要掌握一些与孩子沟通的技巧，学会跟孩子有效沟通，帮助孩子顺利度过青春期。

张培自从上了高中，就和同宿舍的几个小伙伴学起了抽烟，他对这件事完全不以为然，因为他在家里也经常看到爸爸吸烟，他觉得吸烟可以减轻自己的学习压力。

回到家后，他看到爸爸茶几上放着一盒烟，于是拿了起来，从里面抽出了一支烟，点燃并吸了起来。对于他的一举一动，爸爸都看在眼里，这时，爸爸忍不住了，对张培说："你觉得你这个年纪能吸烟吗？"

"我觉得完全没有问题。"这是张培的回答。爸爸听孩子这么说，开始恼羞成怒，说："你还在读书，怎么能吸烟呢？放下！"张培看到爸爸生气了，于是生气地将烟拧在了烟灰缸里，然后头也不回地进入了自己的房间。

从那以后，爸爸再没有看到张培吸烟。张培不在爸爸面前吸烟了，但他经常会在学校里吸烟，还被老师逮到了好几次。老师对张培提出了批评教育，但这些都无济于事。张培从和爸爸闹完别扭之后，就没想着要改掉这个坏习惯。

张培偷偷学会了抽烟，爸爸的劝说和批评只是让他不在爸爸面前吸烟了，但他经常会在学校里吸烟。青春期的孩子，叛逆的情绪很强烈，所以父母要掌握好与孩子的沟通技巧。在与孩子沟通的时候，要有耐心，要时刻观察孩子的反应，感受孩子的态度。要尽量避免正面说教，也要避免与孩子产生正面冲突。面对孩子的叛逆，父母要调整好自己的心态，要让孩子感受到父母是相信他的。尤其是孩子做了错事的时候，父母更应该进行正确引导，尽量避免粗暴地压制孩子。

严浩的爸爸觉得这一生中，陪伴孩子是很重要的事。严浩小的时候，爸爸只要有时间，就喜欢陪伴孩子，父子俩经常一起看电视，一起跑步。严浩经常和爸爸谈起学校里的事，爸爸也很乐意做一名听众。

慢慢地，严浩长大了，他变得不怎么爱说话了，一开始爸爸有些着急，但通过上网查资料才发现，这是青春期孩子的正常反应，于是爸爸也愿意给严浩腾出一些个人空间，让孩子独处。

最近，爸爸发现严浩好像有心思，他没有直接问，而是邀请孩子一起和他打羽毛球。爸爸提出来要一起打球，严浩也不好推脱，于是就答应了。严浩和爸爸来到了公园，在打羽毛球的过程中，爸爸像在和朋友聊天一样，和严浩聊着自己的工作，说着自己在工作上的不顺。后来，自然而然地就聊起了严浩的学习，严浩这才敞开了心扉，向爸爸说起了自己这次成绩考得一塌糊涂。爸爸知道了孩子是因为这个才烦心的。他一开始并没有说什么，只是认真地听着孩子倾诉，偶尔还会宽慰几句。这次谈话之后，爸爸发现严浩的心情好了很多。

从这之后，每次爸爸看到严浩不开心，就会邀请孩子去打羽毛球，然后听孩子倾诉。严浩也很喜欢以这种方式向父亲倾诉自己的心事，他觉得爸爸就像是自己的好朋友，孩子什么话都愿意和爸爸说。

严浩的爸爸发现孩子好像有心思，就邀请他一起打羽毛球、谈心，两个人成了无话不谈的朋友。这样看来，与青春期的孩子沟通，也不是一件难事。父母要从孩子感兴趣的话题说起，打开孩子的话匣子。父母要多倾听、少发言，让孩子心中的情绪得以抒发。父母还可以和孩子一起探索一些运动方式，带着孩子一起做他喜欢的事情，让孩子的生活变得丰富多彩，让孩子的心理变得阳光健康。